평생 연금 받는
온라인 클래스 멘토링

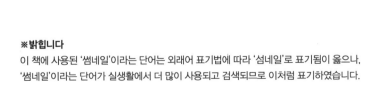

나만의 경험으로
매달 500만 원씩

평생 연금 받는

온라인
클래스
class
멘토링

1억치트키(이주희) 지음

서 사 원

월 30만 원 벌다
월 8,000만 원 번 비결

일하지 않고도 꾸준히 돈이 나오면 얼마나 좋을까? 누구나 노동하지 않고 생기는 돈을 꿈꾸지만, 그런 일은 어느 정도 자산이 있는 사람들에게나 해당되는 것 같아 한숨만 나온다. 하지만 당신이 지금 이책 『평생 연금 받는 온라인 클래스 멘토링』을 손에 들었다면, 그 상상을 현실로 만들 수 있다. 일하지 않아도 돈이 나오는 삶, 그것이 더는 꿈이 아니다. 누구나 그런 삶을 살 수 있다고 믿는다.

그 시작은 어디일까? 나는 부가 수익에서 시작된다고 말하고 싶다. 다들 경기가 좋지 않아 힘들다고 하지만 내가 아는 사람 중에는 월 몇백만 원씩 부수입을 버는 사람이 제법 있다. 그렇다고 그들이 대단한 학벌을 가졌다거나 수십억 원을 투자해 그러한 수익을 버는 것도 아니다. 20대 아기 엄마, 직장 한 번 제대로 다녀본 적 없는 30대 남자, 경력 단절의 평범한 50대 등 우리 주변에서도 흔히 볼 수 있는 사람들이다. 그렇다면 당신도 방법만 알면 가능하지 않을까?

질문이 있다. 당신은 현재 스스로의 상황에 만족하고 있는가? 취업을 준비하는 당신, 죽도록 공부해 스펙을 쌓아도 채용 자체가 줄어든 현실에 답답하고 불안하지 않은가? 회사원인 당신, 뻔한 월급과 언제 어떻게 될지 모른다는 불안감에 부업을 찾고 있지 않은가? 자영업자인 당신, 24시간이 모자랄 정도로 열심히 일하는데도 손님은 늘지 않고 나가는 돈은 많아 숨 막히지 않는가?

정확히 내가 그랬다. 얼마나 더 열심히 해야 하는지 알 수 없어 하루하루가 불안했다. 30살까지 하루 20시간씩 일해도 월수입이 평균 30만 원이었다. 언젠가 잘되리라고 스스로를 위로했고, 부모님에게는 조금만 기다리시라고, 꼭 보여드린다고 했지만 돌아오는 대답은 "기다리다 늙어 죽겠다"였다. 동생에게 생활비를 빌리며 살았다. 누구보다 치열하고 열심히 살았는데 왜 점점 더 초라한 모습이 되어 가는 건지 알 수가 없었다. 월 200만 원만 벌면 소원이 없겠다 싶었다.

그게 불과 8년 전의 일이다. 그랬던 내가 월수입으로 8,000만 원을 벌게 되었고, 일하지 않고도 나오는 돈도 생겼다. 한 달 내내 일해도 30만 원 버는 게 전부라 친구랑 커피라도 마시려면 누가 계산할지 눈치 보기 바빴다. 그런데 이제는 아무것도 하지 않아도 200만 원 이상을 벌고 있다니, 정말 세상은 알 수 없는 재미가 가득한 곳이다.

현재 나는 '1억치트키'라는 닉네임으로 온라인 강의를 통해 돈 버는 법을 알려드리는 일을 하고 있다. 최선을 다해 수강생 한 분 한 분의 상황을 파악한 후, 각자에게 딱 맞는 논 버는 방법을 알려드린다. 그러면 이런 말을 하는 분이 꽤 많이 계신다. "에이, 그건 대표님이니까 되는 거죠!"

내가 뭔데 나니까 된다는 것일까? 아이큐가 150 정도는 되어 보이는 걸까? 부모가 부자로 보이는 건가? 아니면 내 학벌이 좋아 보이는 건가? 그게 무엇인지는 모르겠지만, 전부 아니다. 아이큐가 높았다면 굳이 30살까지 돈을 벌지 못해 빌빌거리는 대신 뭐라도 개발해서 돈을 벌었을 것이다.

대학교도 알아주는 곳을 나왔다면 좋았겠지만, 그렇지 못했다. 내가 나온 학교는 KTX를 타고, 다시 기차를 타고 또 버스를 타야 갈 수 있는 시골 학교였고 지금은 그마저도 문을 닫았다.

그리고 부모님은 비정규직으로 일하고 계신다. 어머니는 미싱 공장에서 미싱일을 하시고, 아버지는 호텔 보일러실에서 일하신다. 이게 나이고 나를 둘러싼 배경이다. 이런 데도 정말 나만 특별해서 되는 걸까?

나는 오랫동안 신이 나를 실수로 만들었다고 생각했다. 하루 4시간 자며 일해도 뚜렷한 성과가 보이지 않았고, 교육비에 1억 원을 쓰고도 성과가 나오지 않았다. 빚을 갚느라 주말도 없이 일해야 했고, 그러고도 생활비가 없어 돈을 빌리는 내가 너무 한심해 견딜 수가 없었다. 화가 나서 엉엉 울었다. 지칠 때까지 우니까 오기가 생겼다. 이렇게 된 거 끝장을 봐야겠다 싶었다.

열심히 했는데도 잘되지 않은 건 분명 이유가 있을 듯했다. 그래서 나랑 비슷했지만 잘된 사람, 같은 교육을 받고도 월등히 잘된 사람을 연구해보기로 했다. 난 그대로인데 저 사람들만 잘됐다는 생각에 자존심이 상했지만, 그게 중요한 게 아니었다.

어떻게든 배워야 했다. 그들의 사고방식, 말, 태도, 행동, 속도 등을 살펴보고 아기처럼 전부 다 흡수하려고 몇 년 동안 노력했다. 정말 쉽지 않은 과정이었다. 하지만 하나씩 해내자 한 달에 8,000만 원이라는 돈을 벌 수 있게 되었다. 어떻게 이게 가능했을까? 그들에게 배운 첫 번째 성공 공식은 '성공하는 사람은 모두 성장하는 시장 위에 서 있다'는 점이었다.

나 또한 마찬가지였다. 내가 선택한 건 '온라인 강의 시장'이었다. 나에게는 그곳이 금빛 찬란한 세계였다. 아무것도 없던 내가 이렇게 성장할 수 있었던 이유는 성장하는 시장에서 기회를 잡았기 때문이었다. 그건 바로 '온라인' '지식 창업' 그리고 '강의'였다. 이 책『평생연금 받는 온라인 클래스 멘토링』에서는 이 첫 번째 법칙과 함께 12년간 시행착오를 겪으며 배운 것들, 온라인 강의로 돈을 버는 원리, 시작을 쉽게 하는 방법, 강의를 잘 파는 방법 등을 담았다.

물론 사람들의 말처럼 '혹시 나만 가능한 건 아니었을까?' 싶은 마음도 있었다. 그래서 가까운 사람들에게 내 노하우를 알려주며 검증의 시간을 가졌다. 그 결과 나처럼 재밌는 경험을 하는 사람이 많이 나타났다.

강의라고는 한 번도 해본 적 없던 50대 남성은 1개월 만에 온라인 강사가 되었고, 코로나19로 어렵던 동네 학원 선생님이 전국에서 수강생을 받게 되어 월수입이 2배 이상 늘었으며, 퇴직 후 시작한 사업으로 30만 원 정도 벌던 사람이 온라인 강의를 하게 되어 200만 원의 수익을 달성했다. 이 밖에도 많은 분이 다양하고 재밌는 성과를 가지고 오셨다.

나는 지금 '온라인 강의 수익화'라는 주제로 강의하고 있다. 내 강의를 보고 빠르게 실천한 분들은 월 50만 원부터 2,000만 원까지 다양한 수익을 내며 하루가 다르게 성장하는 모습을 보여주고 계신다.

그중 이런 말씀을 하셨던 분이 기억난다. "올해 한 일 중에 가장 잘한 일은, 선생님 강의를 들은 일이에요!" 불과 몇 개월 전만 해도 기운 없고 자신감도 없던 분이었는데 이제는 유튜브, 라이브 커머스 그리고 강의까지 하신다. 같은 사람이 맞나 싶을 정도로 뿜어져 나오는 에너지가 다르게 느껴진다. 그런 모습을 보면 이 일을 하기를 잘했다는 마음에 정말 큰 보람과 감사함을 느낀다.

이 책 『평생 연금 받는 온라인 클래스 멘토링』에는 12년간 실전에서 시행착오를 겪으며 배운 모든 것을 담았으니 온라인 강의를 시작하려는 분, 자동 수익을 만들고 싶은 분, 시간이 갈수록 경쟁력이 있는 삶을 원하는 분들에게 도움이 되길 바란다.

여기서 알려드린 모든 방법을 빠짐없이 하시는 분이라면 분명히 돈을 버실 것이다. 하지만 여기에는 필수 조건이 있다. 방법을 안다고 해서 돈을 버는 게 아니라 직접 행동하고 실천했을 때 돈을 벌 수 있다는 점이다.

회사원 생활만 20년 넘게 했던 수강생이 계셨다. 강의하고 싶은 마음은 있지만 해본 적도 없고, 말도 잘하지 못하면서 무슨 강의냐며 주변에서도 말렸다고 하셨다. 그러나 이분은 '40대 후반이라는 나이'와 '경험 부족'에 집중하는 대신 강의 과제로 드린 일을 다 하셨다. 혼자서 아이 키우고 하루 8시간씩 회사에 다니면서도 빠짐없이 다 하신 결과, 첫 달에만 300만 원의 순수익을 만드셨다.

그것만으로도 직장인에게는 큰 수익인데, 거기서 만족하지 않고 꾸준히 성장해 지금은 회사에 다니면서 추가로 월 1,200~1,500만 원 정도 벌고 계신다. 이렇게 되기까지 채 1년이 걸리지 않았다. 배운 내용을 스펀지처럼 흡수하고 빠르게 실천하는 것, 그게 성공의 비결이었다.

그러니 책을 한 번 읽고 덮기보다 여러 번 읽으며 처음부터 끝까지 다 해보시기 바란다. 한 번이 어렵지 그다음은 디테일의 문제일 뿐이다. 꼭 전체 과정을 해보신 후 계속 수정 및 보완하며 쭉쭉 성장하셨으면 좋겠다. 만약 지금 힘들다면 그건 그저 오늘까지의 일이다. 미래는 우리가 만들어 갈 수 있다. 그러니 두 팔 걷어붙이고 힘차게 전진하자. 아자자! 우리는 잘될 수 있다!

목차

Part 3. 온라인 강의? 누구나 할 수 있다!

Part 4. 팔리는 온라인 강의는 기획부터 다르다

Part 5. 온라인 시대는 보이는 게 전부다

Part 6. 온라인 강의 제작 실전 노하우 대공개!

Part 7. 온라인 강의, 더 잘 팔 수 있다

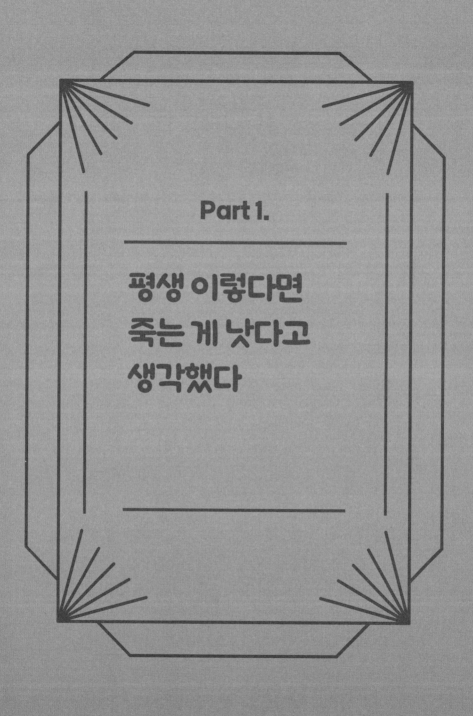

Part 1.

평생 이렇다면
죽는 게 낫다고
생각했다

선택지는 없었다

그날은 신입 강사들의 실력 향상을 위해 선배 강사들이 강의 피드백을 주는 날이었다. 신입 강사에게는 온몸이 다 떨리고 입맛이 없어지는, 심지어 매번 우는 사람까지 나오는 아주 무시무시하고 살벌한 시간이었다. 역시나 선배 강사들은 표정이 좋지 않았고 신입 강사들은 어쩔 줄 몰라 했다.

드디어 내 차례가 되었다. 준비한 강의를 최선을 다해서 했다. 지금까지 화난 것처럼 보이던 선배 강사들이 내 강의에는 다른 반응을 보였다. 다들 많이 웃고 집중하는 게 느껴졌다. 그래서 몰래 안도의 한숨을 쉬었고 내심 엄청난 칭찬을 받을 거라 기대했다.

하지만 내가 들은 말은 "선생님은 우리 학원과 맞지 않는 듯합니다. 그러니 그만 나가주셔야겠습니다"였다. 생각지도 못한 말이었다. 내 수업은 이미 재밌는 소문이 났다. 수강 평도 정말 좋았고 때마다 사비를 털어 재밌는 이벤트도 많이 열었다. 3개월 걸리는 자격증 과정을 2주 만에, 그것도 고득점까지 보장하며 달성하게 해주었는데 내가 왜 나가야 하는 걸까? 이해가 되지 않아 인사 담당 선생님에게 이유를 여쭈어보았다.

그는 내 강의가 시간 가는 줄 모르게 유쾌하고 통통 튀는 게 꼭 유명 강사의 온라인 강의를 보는 것처럼 재밌다고 했다. 그게 문제였다. 가장 낮은 급수의 자격증 수업을 그렇게 재밌게 진행하니 수강생들이 상위 과정으로 갔을 때 중도 이탈이 많아질 수 있다는 것이었다. 그리고 그것이 학원에서 나가야 하는 이유였다. 직접 학원을 차려서 강의하면 몰라도, 그곳과는 맞지 않다고 했다.

강의 평도 좋고 다 좋은데 그 이유로 나가야 한다니, 황당했고 화가 났다. 며칠이나 밥도 먹지 않고 씩씩거렸다. 하지만 이미 발생한 일에 울고만 있을 수는 없었다. 그래서 호기롭게 내 학원을 차리겠노라 결심하고 학원을 나왔다.

하지만 막상 학원을 나와 하나씩 알아보니 학원은 아무나 차릴 수 있는 게 아니었다. 일정 규모의 공간도 있어야 하고 여러 가지 준비해야 하는 게 많았다. 당시의 나는 열정만 넘쳤을 뿐 한 달에 대학생 용돈 수준의 돈을 버는 막내 강사였을 뿐이었다. 그런 내가 돈이 있을 리 없었다. 학원을 차리기는커녕 학원에 들어갈 책상 몇 개 사기도 어려운 형편이었다.

당시만 해도 사업은 돈이 있어야 할 수 있는 것이었기에 주변에서는 다시 회사에 들어가 몇 년 정도 더 일하며 돈을 모으라고 했다. 현실적인 조언이었지만 그렇게 하고 싶지 않았다. 강의로 성공해보겠다는 꿈에서 멀어질 것 같아 무서웠기 때문이다.

그래서 바로 부딪히기로 했다. 돈이 없으니 몸이 고생을 좀 하겠지만 그래도 돌아가고 싶지는 않았다. 당시 돈을 쓰지 않고 강의할 수 있는 유일한 방법은 온라인을 통해 강의하는 것이었다. 다른 선택지는 없었다. 그렇게 '화상 영어'라는 온라인 강의 사업을 하게 되었다. 여러 과목 중에 특히 '영어 인터뷰 수업'이 인기가 좋았다.

나도 취준생 시절이 있었기에 인터뷰 수업을 신청한 사람들을 더 잘 도와주고 싶었다. 그래서 그분들이 고민하는 게 뭘까 생각해보니, 그건 바로 취업이었다. 취업이 되지 않는 만큼 그들의 부모님은 돈을 많이 써야 하고, 걱정하는 날도 길어질 수밖에 없었다. 그래서 아예 취업까지 도와주면 좋겠다는 생각이 들었다.

그래서 바로 실천에 옮겼다. 수강생 모두에게 개별 강조 포인트를 찾아주고, 이력서를 써주고, 면접 연습도 반복했다. 그러면서 수강생들이 가고 싶어 하는 회사에 연락해 이런 인재가 있다고 소개도 해 없던 면접 자리도 만들어냈다. 그렇게 밤낮없이 노력한 결과 수강생 전원이 원하는 곳에 취업할 수 있었다.

수강생들은 영어 인터뷰 표현 배우려고 왔다가 취업까지 된 것이니 정말 기뻐했다. 한동안 감사 인사를 매일 받았다. 드디어 내 강의가 인정받은 것 같아 감사했고, 노력한 만큼 성과가 나와 보람되고 기뻤다. 전원 취업이라는 좋은 결과가 있었으니 내심 소개로 더 많이 알려지지 않을까 기대했다.

하지만 아니었다. 사람들은 "너무 좋아서 저만 알고 싶어요!"라는 후기를 남겼는데 그 말처럼 정말로 아무 소개도 일어나지 않았다. 전부 다른 업종, 다른 회사, 다른 지원 부서의 이력서를 쓰고 모의 면접을 피드백하고 회사마다 전화하느라 하루 중 20시간씩 일해도 모자랐다. 하지만 그렇게 일해도 나에게 돌아온 건 70만 원 정도의 수입과 감사 인사로 받은 990원짜리 바나나우유가 전부였다.

카드론까지 받아
강의를 들은 이유

몇 년 동안 하루 4시간 자며 일했다. 그런데도 돈이 없었다. 돈이 없다는 건 모든 면에서 사람을 움츠러들게 했다. 친구랑 밥이라도 한 끼 먹으려고 하면 누가 밥값을 낼지 눈치 보기 바빴고, 생활비가 없어 수시로 동생에게 돈을 빌려야 했다. 심지어 돈이 없어 경조사에 가지 못한 적도 있었다. 비참했다.

더는 이렇게 살고 싶지 않았다. 가족에게 짐이 되는 것도 싫었고, 사람 구실 못하고 사는 것도 그만하고 싶었다. 몇 년을 이렇게 노력했는데도 안 된다면, 분명 내가 모르는 이유가 있을 것 같았다.

그래서 돈 버는 방법을 알려주는 곳들을 알아보던 중 괜찮아 보이는 강의를 발견했다. 잘된 사람도 엄청 많았다. 그런데 수강료가 무려

1,000만 원이었다! 살면서 만져본 적도 없는 큰 금액이었다. 하지만 내가 성장할 가능성을 보고도 돈 때문에 멈추고 싶진 않았다.

며칠이나 고민했지만 뚜렷한 답은 나오지 않았다. 경험해보지 않았으니 그것이 좋은지 나쁜지 알 수 없었다. 나는 가만히 앉아 생각만 해봤자 머리만 아프고 답은 나오지 않는다는 길 알고 있었다.

그래서 표를 그려 '장점'과 '단점'을 비교해보았다. 나에게는 3가지 선택지가 있었고, 셋을 비교해 가장 높은 점수가 나온 것을 택하기로 했다.

표를 그려 보니(p.22 참조) 할 일이 명확했다. 빚을 내더라도 지금 당장 강의를 듣는다는 게 나의 선택이었다. 이렇게까지 했는데도 잘되지 않으면 어쩌나 두렵기도 했다. 하지만 지금처럼 답답하게 평생 사는 게 훨씬 더 끔찍했다. 그래서 카드론을 받아 1,000만 원짜리 강의의 수강생이 되었다.

■ 1,000만 원 짜리 수업, 들을 것이냐, 듣지 않을 것이냐?

	수업을 듣지 않는다	돈을 모아 수업을 듣는다	빚을 내어 지금 수업을 듣는다
장점 (+)	• 돈을 아낄 수 있다.	• 빚을 지지 않아도 되니 리스크가 적다.	• 지금 당장 돈 버는 법을 알 수 있다. • 열심히 사는 사람들 틈에서 자극받을 수 있다. • 선생님이나 동기 등 인맥이 생길 수 있다.
단점 (−)	• 계속 가난하게 살 수도 있다.	• 교육을 3년 후에 받게 되어, 돈 버는 것도 그 후부터다. • 돈 모으려는 고생을 3년이나 해야 한다.	• 큰 빚을 질 수 있다. • 빚을 갚느라 최소 3년 이상 고생할 수 있다.
총평	0점	−1점	+1점

나는 대단한 사람이 아닌데
할 수 있을까?

수업에서는 새롭게 알게 되는 내용이 많았다. 그제야 내가 여태 해 오던 방식에 문제가 있다는 것을 알게 되었다.

우선 고객이 누구인지, 어떤 게 주력 상품인지가 명확하지 않았다. 즉 누구에게도 매력적이지 않은 상품이라 찾아오는 사람이 거의 없었던 게 가장 큰 문제였다. 게다가 취업까지 직접 도와주는데 수강료가 15만 원이라니! 돈을 못 버는 게 당연했다.

누구를 대상으로, 어떻게 차별화해야 할지 계속 고민했다. 그때 내 마음에 들어온 강의 주제는 바로 '어학연수 빨리 잘하기'였다. 화상 영어 수업 전 레벨 테스트를 하면 쓰는 표현은 분명 해외에 다녀온 사람만 아는 표현을 쓰는데 실력은 초급인 사람들이 있었다. 그 사람들에게 어학연수를 다녀왔냐고 물으면 100% 다녀왔다고 했다.

그런데 어학연수를 다녀왔음에도 왜 실력은 초급일까? 처음에는 이 사람들이 노력이 부족해서 그렇다고 생각했다. 그런데 3년 동안 비슷한 사람들을 만나다 보니 뭔가 이상했다. 그래서 찬찬히 살펴보니 그제야 여러 문제가 보였다.

우선 어학연수를 해도 단기간에 영어를 잘할 수 없게 판이 짜여 있었고, 학생들은 열심히만 하면 되는 줄 알고 그 틀 안에서 최선을 다했다. 그 결과, 외국까지 가서 그 많은 돈을 쓰고도 영어가 늘지 않았던 것이다.

어학연수는 숨만 쉬어도 다 돈이다. 그러니 빨리 잘할 수 있게 되면 좋은 점이 많다. 당연히 돈도 더 아낄 수 있고 시간도 아껴 취업 준비 등 다른 일에 에너지를 더 쏟을 수도 있다.

나는 짧은 어학연수만으로 중국어 말하기 대회 전국 1등을 했고, 세계 대회에서는 우수상을 받았다. 또한 4개월의 워킹홀리데이 기간 동안 영어를 빠르게 잘하게 되어, 호주 사람들보다 돈을 더 받고 일을 했던 경험도 있다. 그래서 이건 생각할수록 내가 해야 하는 일 같았다.

그런데 막상 시작하려니 두려운 마음이 올라왔다. 어학연수를 빨리 잘하긴 했지만 내가 다녀온 곳은 호주와 중국 두 곳인데 예비 수강생이 미국에 관해 물으면 어쩌나 걱정되었다. 그 걱정은 꼬리에 꼬리를 물어 영국은? 남아공은? 캐나다는? 필리핀은? 등등으로 이어졌고 이 모든 곳을 전부 한 번씩은 다녀와야 할 것 같은 생각이 들었다.

이러다가는 한 10년 지나야 시작할 수 있겠다 싶었다.

나를 멈추게 하는 이유는 또 있었다. 어학연수를 몇 년씩 한 사람들이 보면 겨우 몇 개월 살다 온 주제에 네가 뭘 아냐고 할 것 같았다. 어학연수를 빨리 잘하는 방법을 알려주려고 했던 마음은 좋았으나 아무리 봐도 부족한 점이 많아 이 일과 맞지 않는 것 같았다.

그래서 몇 개월간 시작도 못 하고 시간만 보내고 있었다. 고민을 지속하다 안 되겠다 싶어 비즈니스 코치님에게 질문했는데, 그때 이런 말씀을 해주셨다.

"어학연수를 짧게 하는 게 잘하는 거지, 그걸 왜 오래 해요? 그게 더 이상한 거지. 그리고 우리가 어느 나라로 보내준다는 게 아닌데 미국을 가봤든 그렇지 않든 그게 뭐가 중요합니까? 어느 나라든 상관없이 적응 잘해서 빨리 어학연수 끝내는 걸 알려주는 거잖아요!"

'아, 그렇지! 맞네!' 하며 무릎을 쳤다. 나는 어학연수를 남다른 방법으로 빨리 잘해서 국내외 여러 대회에서 수상도 했고 그 나라 공영방송에 출연하는 등 다양한 성과를 냈었다. 이 정도면 웬만한 강사보다 훨씬 많은 경험과 경력이 있었기에 어학연수 처음 가는 사람들에게 도움을 주기에 충분했다.

또한 친구나 지인 등 가까운 사람에게 나만의 방법을 알려주었을 때 그들 역시 상당한 성과를 거두기도 했었다. 그런데도 외국 학위가 없다, 이 분야에서 오래 일하지 않았다, 많은 나라에 가보지 못했다

등 내가 대단한 사람이 아니라는 생각에 갇혀 아무것도 시작하지 못하고 있었던 것이었다.

코치님의 말씀을 듣고 깨달은 점이 있다. 위대한 학자나 대단한 사람이 아니어도 내 도움이 필요한 사람들을 도우며 돈을 벌 수 있다는 것이었다.

누구나 처음 시작할 때는 스스로가 부족하다고 느낀다. 하지만 그것이 시도조차 하지 못할 이유가 되지는 않는다. 하지 못 할 이유보다 할 수 있는 것에 초첨을 맞춰 나만의 개성이 뚜렷하게 드러나도록 만들어보자. 상투적인 것 같아도 이것이 매우 중요한 성공의 비밀이었다.

1년 동안
하나도 팔지 못한 이유

수업을 듣고 아는 건 많아졌지만 이상하게 1년 가까운 시간 동안 크게 성과가 보이지 않았다. 내 삶은 빚을 갚느라 오히려 수강 전보다 더 힘들어졌고 눈에 보이는 성과도 없기에 굉장히 초조하고 답답했다.

빚을 갚기 위해 일주일 내내 일을 해야 했고, 살던 집은 외국인한테 빌려주고 찜질방에서 살았다. 그렇게 하면 하루에 5만 원은 벌 수 있었기 때문이다. 그렇게 해서 카드값을 내면 밥값이 없을 때도 많았다. 그럴 땐 굶었다. 그러니 가만히 있어도 기운이 없었고, 길을 걷다 갑자기 픽 쓰러지기도 했다.

그러던 어느 날, 같이 공부하던 친구가 길거리에서 양말을 팔아 하루에 순수익으로만 160만 원을 벌었다고 했다. 하루 만에 이렇게 큰 돈을 벌다니, 눈이 뒤집히는 줄 알았다. 나는 1년 동안 뭘 했던 걸까? 다 포기하고 양말을 파는 게 훨씬 낫겠다 싶었다.

하지만 그동안 노력한 게 아까워 딱 1주일만 더 해보기로 했다. 그래도 안 되면 이놈의 거지 같은 사업, 그만두기로 했다. 사실 그 전까진 고객에게 전화 한 통 제대로 해본 적이 없었다. 내 전화를 받고 욕할까 봐 무서웠고, 거절당할까 봐 겁이 났다. 그래서 1년 동안 전화를 한 적이 없었다.

그러나 이제 끝이라고 생각하니 잘해야겠다는 마음도 들지 않았고, 욕 먹으면 어쩌나 하는 걱정도 되지 않았다. 그저 마지막이니까 문의를 남겨준 분의 고민이나 들어드릴 생각으로 전화를 걸었다. 그런데 예상치 못한 말을 듣게 되었다.

"제 마음을 어떻게 그렇게 잘 아세요? 완전 소름 돋았어요. 저 어떻게 하면 돼요?"

이게 무슨 일인가 싶어 어안이 벙벙했다. 그저 고민을 들어드리려고 전화했을 뿐인데 놀랍게도 그 전화 한 통이 수강 등록으로 이어지게 된 것이다. 단 2시간 만에 친구가 온종일 양말을 판 돈보다 더 많은 돈을 벌게 되었다. 놀라웠다. 성공이 이렇게 단순한 데 있었다니! 돈은 특별한 사람들만 번다고 생각했는데 드디어 나도 돈을 벌게 된 것이다!

그러면서 한 편으로는 좀 허무했다. 해야 할 일을 그냥 하면 되는데 그걸 하지 않으려고 피하다가 찜질방에서 변태나 만나고 못 먹어서 픽픽 쓰러졌다니…….

때때로 용기를 가진 단순한 행동 하나가 우리의 상황을 바꾼다. 이 책 『평생 연금 받는 온라인 클래스 멘토링』을 읽는 당신도 이런 순간을 만났으면 좋겠다. 무엇이라도 시도해보자. 마법이 일어날지도 모른다.

돈이 없으니까
직원을 뽑는 거라고?

한 번 물꼬가 터지니 이제는 전화만 하면 거의 다 수강 등록으로 이어졌다. 아직 통화하는 것에 관한 두려움이 있어 상담을 신청한 사람 중 니즈가 정말 강한 극소수에게만 전화했다. 그래도 월수입이 1,000만 원을 넘었다. 빚을 갚고 감사한 분들을 찾아 뵙고 인사도 드렸다. 드디어 사람 구실을 할 수 있어 정말 좋았다. 이제 내 세상이 온 것 같았다.

그런데 아니었다. 3개월 정도 돈을 번 게 다였다. 기존에 없던 내용을 가르쳤고, 교육 과정으로 내세우기 전부터 효과를 본 사람도 많았기에 수강료를 높은 금액으로 받았다. 그러자 수강생마다 다양한 것들을 요구했다.

그걸 다 맞추면서 동시에 그분들이 성과도 잘 낼 수 있게 하려니, 강의 외에 일은 전혀 할 수가 없었다. 마케팅하는 것도 힘들었고 상담 문의를 남긴 사람들을 응대할 기력도 없었다. 번 돈은 빚 갚고 인사 다니느라 진작 다 썼는데 새로운 수입은 없는 상황이 되어버렸다.

그렇게 4개월 넘게 수입이 없었다. 점점 지쳐갔고 온종일 잠만 자는 날이 늘어갔다. 그런 생활 태도는 금세 습관이 되었고 몇 개월 전의 나와 지금의 내가 같은 사람인가 싶을 정도로 망가져 있었다. 부정적인 생각만 하고 무력하게 누워 있었다. 혼자서는 아무것도 할 수 없었다. 계속 무너지는 나를 보는 게 무서웠다.

상황을 바꾸려면 할 수밖에 없는 환경을 만들어야 했다. 뭐가 있을지 누워서 계속 생각하다 떠오른 게 있었다. 바로 직원을 뽑는 것이었다. 직원이 있으면 월급을 줘야 하고, 그걸 책임지지 못하면 욕을 먹거나 문제가 될 테니 그 압박감을 무기로 써보기로 했다. 그래서 '기본급 250만 원+성과에 따라 수익 셰어' 조건으로 구직사이트에 공고를 올렸다. 만약 혹시라도 잘되지 않으면 대출을 받아 월급을 주면 된다고 생각하고 일단 직원부터 뽑았다.

그렇게 유능한 직원 2명과 일할 수 있게 되었다. 직원이 없을 때는 도와줄 사람만 있으면 다 잘될 것 같았는데, 막상 직원이 생기자 그게 아니었다. 이 사람들 월급 못 주면 어쩌나 걱정하느라 잠도 안 왔다. 스트레스가 너무 심해 코피를 2주 내내 흘렸다. 그때 양말 장사로 하루 만에 160만 원을 벌었던 친구가 대수롭지 않다는 듯 이렇게 말했다.

"뭘 걱정해? 500만 원만 벌면 되는 거잖아! 너 혼자서도 1,000만 원씩 벌었는데 뭔 걱정이야?"

처음에는 남의 일이라고 저렇게 쉽게 말하나 싶었지만, 생각해보니 맞는 말이었다. 나는 어차피 굶는 게 익숙했다. 이번에 좀 못 번다고 새삼스럽게 죽는 게 아니었다. 그저 직원에게 줄 월급 500만 원만 벌면 되는 것이었다. 혼자서도 1,000만 원 넘게 벌었는데 3명이 이걸 못 할까 싶었다. 굉장한 발상이었다.

몇 달을 누워만 있던 내가 직원들 월급을 주기 위해 움직이기 시작했다. 한 번은 우리의 도움이 꼭 필요한 분이 문의를 주셨는데, 직원의 대응이 미흡해 수강 등록으로 이어지지 못한 적이 있었다. 평소의 나는 문의 메시지가 50통씩 와 있어도 절대 연락하지 않았다. 왜? 전화 거는 게 무서웠으니까. 그런데 당장 직원들 월급 줘야 하니까 두려움이고 체면이고 신경 쓸 여유가 없었다.

직원이 전화를 끊자마자 바로 고객에게 다시 전화를 걸었다. 결과는 어떻게 되었을까? 바로 30만 원 입금받았고, 하루도 지나지 않아 직원 한 명의 월급을 벌게 되었다. 사실, 그전까지는 실수할까 봐 겁나서 직원들 앞에서 전화하는 걸 보여준 적도 없었다. 그런데 그때는 그런 생각 따위 하지 않았다. 그냥 바로 전화번호를 눌렀다. 이전의 겁쟁이 쫄보 이주희가 아닌 것 같았다.

그날을 계기로 우리 사이의 공기가 바뀐 것 같았다. 아무도 말하지 않았지만, 다들 '이게 될까?' 하는 눈치였다. 그러던 우리가 그 한 통의 전화로 갑자기 "해보자! 할 수 있겠다! 되겠다!" 하게 된 것이다.

그때가 함께 일한 첫 달이라 직원들과 손발이 착착 맞지는 않았지만 우리는 1,500만 원의 매출을 냈고 나는 당당하게 직원들에게 월급을 줄 수 있었다. 내색하진 않았지만 얼마나 기뻤는지 모른다. 만약 내가 돈이 없어서 혹은 리스크가 크다는 이유로 직원을 채용하지 않았다면, 지금 어떤 모습으로 있었을까?

살다 보면 반드시 해야 하는 일인 걸 알면서도, 몸이 거부할 때가 있다. 그러면 이렇게 어쩔 수 없는 상황에 스스로를 몰아넣고, 잠재력을 최대한 끌어내려고 한다. 스스로 실천이 부족하다고 느껴지는 분이라면 이런 방법도 도움이 될 수 있으니 적절하게 써보시면 좋겠다.

돈 버는 기술이
전부가 아니다

몇 개월간 매출이 쭉쭉 올라갔다. 오랜 시간 일하지 않아도 돈이 벌렸다. 사업이 체질인 것 같았다. 내가 손대면 다 잘될 것 같았다. 그래서 강남에 단독주택을 통째로 빌려 게스트하우스를 열었다.

하지만 그건 엄청나게 잘못된 판단이었다. 사업을 하나 더 한다는 건 단순히 일이 2배 더 늘어나는 게 아니었다. 못해도 수십 배는 더 많아졌다.

해야 하는 일이 너무 많아 내가 해야 할 기본적인 역할도 제대로 하지 못했다. 직원들은 불만을 드러냈고 급기야 모든 일을 자기들 마음대로 하려고 했다. 벌인 일들을 처리하는 것만으로 지쳤는데 직원과의 문제까지 겹치니 정말 너무 힘들었다.

직원과의 갈등을 시작으로 하나씩 무너졌다. 올라가는 건 쉽지 않았는데 떨어지는 건 정말 순간이었다. 여러 문제가 끝도 없이 터졌다. 몇 개월 사이에 직원들도, 어학연수 사업의 수강생들도 다 떠나갔다. 그런데도 건물 월세 내는 날짜는 꼬박꼬박 돌아왔다.

돈이 없었다. 보증금을 전부 까먹는 건 시간문제였다. 우선 급한 불부터 꺼야 했다. 다른 사람의 회사에서 일하며 돈을 벌었다. 그렇게 번 돈으로 월세는 겨우 냈지만 내 사업인 어학연수와 게스트하우스는 점점 무너져갔다.

당연한 일이었다. 남의 회사 일도 내 일처럼 아침부터 밤늦게까지 열심히 했으니, 기존에 하던 일은 잘 안될 수밖에 없었다.

그렇게 돈이 필요하면 남의 일을 하며 돈을 벌었다. 그러다 돈이 조금 모이면 다시 어학연수 사업과 게스트하우스 사업 돌보기를 반복했다. 하지만 다시 잘해보려던 의지와 달리 한 번 흐름이 끊긴 사업을 다시 살려내는 건 정말 쉽지 않았다.

그렇게 몇 년을 방황하는 사이 나보다 마케팅이나 세일즈 능력이 떨어지던 사람은 몇 배의 성과를 내고 있었다. 분명히 나와 비슷한 고민을 하던 사람들이었는데 어느새 각자의 분야에서 잘나가는 전문가 대우를 받았다. 나만 정체된 것 같았다.

답을 찾고 싶었다. 그래서 몇 년 전부터 어렴풋이 연구하던 것을 다시 파고들었다. 바로 '과거에는 나랑 비슷했지만 지금은 월등하게 잘된 사람들은 도대체 뭐가 달랐을까? 같은 강의를 들었는데도 압도적인 성과를 낸 사람들은 무슨 비밀이 있나?'였다. 정말 너무 궁금했다.

전에는 마케팅이나 세일즈 등 기술이 좋으면 돈을 잘 벌 것이라고 생각했다. 그래서 나는 잘하니까 앞으로는 잘 벌 일만 남았다고 생각했다. 하지만 이미 몇 년이 흘렀는데도 계속 방황하고 있는 건 분명 뭔가 다른 게 있다는 생각이 들었다.

차분하게 분석해보았다. 그러자 그들과 나의 차이가 그제야 명확하게 보였다. 그 사람들은 목표가 명확했고 그것을 가져야겠다는 열망이 정말 강했다.

그냥 되고 싶다, 하고 싶다 정도가 아니라 "갖고 말겠다! 저건 내 거야!" 수준이었다. 이글이글 타오르는 것 같았다. 스스로가 반드시 해낼 수 있다고 믿었고, 그 과정 중에 만나는 불편함 정도는 별일 아니라는 듯 대했다.

또 있었다. 이 사람들은 포기하는 법이 없었다. 안 되면 되게 했고, 역풍을 만나면 견뎌냈다. 모르면 물어보고 또 물어보면서 될 때까지 했다. 그 모습이 바보처럼 보이더라도 상관하지 않았다. 아는 것도 별로 없어 보이던 사람들이 결국 해냈다.

그들이 자신의 각오와 꿈을 말할 때 현실성 없는 소리나 한다며 비웃던 사람이 나였다. 그런데 불과 몇 개월 사이에 상황은 너무나 역전되어 있었다.

그들은 자신의 분야에서 전문가로 성공한 사람이 되어 스포트라이트를 받았고, 나는 여전히 관객석에 앉아 있었다. 나와 비슷한 고민을 하던 사람은 더는 같은 고민을 하지 않았고, 내 덕에 돈을 벌었다던 사람도 이미 나를 한참 앞질렀다. 자존심 상하는 일이었다.

계속 이렇게 살고 싶지 않았다. 나도 내 힘으로 사람들의 문제를 해결하고 세상에 좋은 일을 하는 멋있는 사람으로 살고 싶었다.

한 달에 10억 버는 사람은
어떻게 행동할까?

잘된 사람들과 나의 차이는 분명했다. 나는 이루고 싶은 간절한 목표 같은 게 없었다. 거기다 내가 해낼 수 있으리라고 믿지도 못했고, 조금만 힘들고 어려운 일이 있으면 뒤로 물러났다. 그리고 결국은 내일을 쉽게 팽개쳐버렸다.

왜 그렇게 살아왔던 것인지 곰곰이 생각해보았다. 그러자 스스로를 굉장히 약하다고 생각하고 있었고, 목표를 이루는 건 냉혈한이나 하는 짓이라고 믿고 있었다는 걸 알게 되었다.

그렇게 생각하고 있으니 성공을 향해 맹렬히 달려들지 않았던 것이다. 잘하고 싶어 늘 노력했으면서도 마음속 깊은 곳에서는 반대로 생각했다는 게 놀라웠다.

실제로 40대 초반에 자수성가로 월세를 1,000만 원 넘게 받는 동네 언니와 이야기하다가 자신도 모르게 "나는 아직 어려서(당시 나이가 30살이었다) 언니처럼 못한다"는 말을 한 적이 있었다. 그러자 그 언니가 갑자기 정색하며 단호하게 쏘아붙였다.

"너 안 어려. 나도 29살부터 집 사고 다 했어. 너 하나도 안 어려. 그러니까 너도 다 할 수 있어."

그게 내 생각이고 말하는 습관이었으며 일과 삶을 대하는 태도였다. 뿌리 깊게 박힌 내 생각을 고치는 일은 정말 쉽지 않았다. 조금만 방심해도 소심하고 약한 모습이 올라왔다.

그럴 때면 주변의 자수성가 부자를 떠올렸다. 고시원에서 살다가 5년도 안 된 시간에 월 10억 원을 벌게 된 분이었다. 떨리고 어렵고 불편하고 도망치고 싶은 상황과 마주할 때마다 그분이라면 어떻게 했을지 상상하며 그분이 할 법한 행동을 그대로 했다. 예전의 나라면 상상도 못 할 행동들이었지만 그래도 해봤다. 그러자 놀라운 일들이 벌어졌다.

그분이 어떤 행동을 할지 상상하고 따라 한 것만으로 내가 이미 강한 힘을 가진 승리자가 된 것 같았다. 수적 우세를 이용해 나를 공격하던 사람들과 마주쳤을 때나, 나에 관한 허위 사실을 유포해 이득을 보려던 사람 앞에서도 잘못한 것이 없으니 기죽지 않았고 당당하게 맞섰다. 그러자 기세등등하던 상대가 나를 피하는 모습을 보였다.

그리고 돈 문제에도 초연해졌다. 예전에는 돈을 잘 벌고 있어도 불안했다. 그래서 어떻게든 결제를 받으려고 한 적도 있는데 더는 그렇지 않게 되었다. '나는 내 할 일을 최선을 다해 할 뿐이고, 결정은 고객이 하는 것이니 좋으면 하겠지' 하면서 여유로운 마음을 가지게 되었다.

또 있다. 예전 같으면 수강생 중에 나와 의견이 조금만 다른 사람이 있어도 견디기가 어려웠다. 선생님의 권위에 도전한다는 생각이 들었고 이 한 사람이 모든 수강생에게 부정적인 영향을 줄까 봐 노심초사했었다.

그런데 그런 부분에서도 상당히 너그러워졌다. '뭐 그럴 수도 있지. 그 사람은 그렇게 생각하나 보지' 하며 넘어가게 되어 쓸데없는 일에 흥분하고 에너지 뺏기는 일이 현저하게 줄어들었다.

그러자 일도 잘됐다. 최선을 다해 도와드리지만 사달라고 매달리지 않는 당당한 자세를 보고 결제하는 분도 많아졌다. 그리고 만만치 않은 상대를 제치고 큰 규모의 프로젝트도 따낼 수 있었다. 또 이러면 어쩌지 저러면 어쩌지 하는 걱정이 많이 줄어 일을 하는 속도가 엄청나게 빨라졌다. 일단 해보고 이상하면 수정하면 된다고 생각하니 뭐든 할 수 있을 것 같았다.

그리고 불안함 때문에 예전에는 동시에 여러 일을 했는데 그때와 달리 내 속도대로 하나씩 집중해서 처리하니까 각각의 퀄리티가 월등하게 좋아졌고 이는 수강생들의 만족으로 이어졌다. 맨날 놀란 토끼처럼 뛰어다니던 내가 이렇게 여유가 생기고 자신감이 넘치게 된 것만으로도 신기한데 몇 년을 자수성가 부자처럼 생각하고 행동하자 어느새 나도 8,000만 원을 벌게 되었다.

역시 돈 버는 기술이 전부가 아니었다. 기술적으로 특별히 더 좋아진 건 없었다. 그저 내가 나를 어떻게 바라보고 어떤 행동을 하는지를 통제했을 뿐인데 맨날 신세 한탄만 하며 남의 성공을 부러워만 하던 나도 이런 결과를 낼 수 있게 된 것이 감격스러웠다.

물론 계속 좋은 일만 있지는 않았다. 하나씩 성과를 내고 인지도가 올라갈 때마다 불편한 일들은 계속 생겼다. 하지만 그뿐이었다. 마치 나의 성공은 처음부터 예정된 것이고, 그런 일들은 인생 드라마를 더 재밌게 만들 스토리에 불과하다고 생각할 만큼 흔들리지 않았다. 예전 같으면 벌써 나가떨어지고 도망갔을 정도의 일들이었는데 말이다. 나는 그렇게 점점 더 강해지고 있었다.

Part 2.

온라인 강의를
해야 하는 이유는
무엇일까?

방구석에서도
돈을 만들어내는 사람

온라인 강의를 해야 하는 이유는 무엇일까? 지금부터 온라인 강의의 장점을 하나씩 알아보자.

첫 번째, 출근하지 않아도 된다. 화상영어 사업을 할 때 돈이 많이 벌리지 않아 여러 가지 일을 동시에 한 적이 많있다. 좋은 점은 돈을 버는 것이었고, 싫었던 점은 출근으로 인해 에너지와 시간의 손실이 컸다는 점이었다.

나는 출근이 정말 싫었다. 출근하는 것부터 이미 진이 빠졌다. 출근 후에도 결론이 나지 않는 회의, 청소, 각종 이벤트 등 어쩔 수 없이 해야 하는 일들에 뺏기는 시간도 너무 많았다. 그리고 나랑 맞지 않는 사람들과의 관계에서 오는 피곤함도 힘들었다.

온라인 강의는 이런 것들로부터 나를 해방해주었다. 나는 지금 전혀 출근하지 않고 집에서 일한다. 예전 같으면 지하철을 놓치지 않으려고 숨넘어가게 뛰어야 할 시간에 여유롭게 커피를 마시면서 아이와 눈을 맞추고 함께 장난을 친다. 쓸데없는 일에 뺏기는 시간이 없기에 알차게 사색하고 연구하여 콘텐츠도 만들어 낼 수 있다.

그리고 출근하지 않으니 직장이라는 이름으로 얽힌 여러 불편한 사람을 만나지 않아도 된다. 업무 분담이 필요하면 '크몽kmong.com'이라는 재능 마켓에 들어가 전문가를 찾으면 되고 해외에 있는 사람들과 일을 할 때는 '파이버fiverr.com'라는 사이트를 이용하면 된다.

실제로 나는 10년 차 카피라이터와 일하고 있고, 유능한 마케터와 광고 작업을 하고 있으며, 육아로 경력이 단절되었던 두 아이의 엄마에게 업무 지원을 받고 있고, 60대 어르신에게 세일즈 도움을 받고 있다.

모두 사는 곳과 상황 및 나이는 다르지만, 온라인으로 소통하니 함께 일할 수 있게 되었다. 자기 일에 자부심을 느끼고 최선을 다하는 고수들과 함께 일하니 업무 효율이 매우 높다. 이렇게 집에서 강의하고, 글 쓰고, 회의하고, 업무 요청도 하면서 돈을 잘 벌고 있다.

회사에서 일할 때면 늘 별나다는 소리를 들었다. 내가 하는 일이 꼭 출퇴근해야 하는 일도 아니었기에 온라인으로 충분히 잘할 수 있다고 기회를 달라고 했던 적이 있다. 한 달만 해보고 성과가 좋지 않으면 원래대로 출근하겠다고도 했었다.

그러나 내가 일했던 회사의 대표들은 그렇게 하면 회사가 와해될 것 같았는지 아니면 내가 집에서 농땡이를 부릴까 봐 겁이 났는지 모두 다 안 된다고 했었다. 무슨 말 같지도 않은 소리를 하냐는 눈빛과 표정 그리고 위협적인 말로 거절했고 무시했다. 동료들 또한 혼자 유난이라면서 나를 부적응자 취급했었다.

집에서 모든 일을 다 하는 요즘은 출근하지 않아도 잘할 수 있다는 내 말을 입증한 것 같아 뿌듯한 한편, 재택근무를 하고 싶으면 이런저런 말도 안 되는 조건을 다 감수한 후에 겨우 하라던 그들의 말이 떠올라 좀 쓸쓸하다.

투자 없이
자동 수익이 나오는 삶

온라인 강의의 좋은 점 두 번째는 돈 한 푼 쓰지 않아도 돈을 만들어 낼 수 있다는 것이다. 이건 정말 대단한 일이다. 어떤 재테크가 투자금 없이 돈을 벌 수 있을까?

한 달에 200만 원 정도 월세를 받으려면 얼마가 들어야 할까? 2021년 3월 기준 시세로 강남구 삼성동에 있는 월세 200만 원이 나오는 오피스텔을 검색해보았다. 매매가가 7억 원이다. 90%는 대출에 나머지는 보증금을 받아 해결했다고 해도 자기 돈이 최소 몇천만 원은 필요하다. 그리고 이렇게 대출이 많아지면 내야 하는 이자 때문에 순수익은 더더욱 200만 원이 안 된다.

그래서 나는 개인이 월 200만 원 정도 자동 수익을 만들기에 온라인 강의가 최고라고 생각한다. 들어가는 돈이 없고 돈을 잃을 위험이나 묶일 것도 없으면서 플랫폼 사업처럼 시간이 많이 걸리는 것도 아니다. 잘 만들고 잘 팔면 수익은 무한대가 될 수 있으니 아무것도 없는 사람이 당장 시작하기에 이보다 좋은 게 있을까 싶다.

보통 사업을 하려면 사무실 임대료, 관리비, 집기 비용 등 고정적으로 드는 돈이 있다. 일이 잘될 때는 그런 것들이 괜찮지만, 일이 어려워지면 고정비용 때문에 숨이 막힌다. 그린데 온라인 강의는 집에서도 할 수 있어서 이렇게 나가는 돈이 거의 없다. 노트북과 휴대전화만 있어도 다 할 수 있다. 휴대전화로 촬영해도 되고 얼굴이 나오는 게 불편하면 컴퓨터 화면 캡처로도 콘텐츠를 만들어낼 수 있다.

돈이 들어가게 되면 아무래도 돈부터 벌어야 하니까 새로운 시도를 자유롭게 하는 게 어렵다. 그런데 온라인 강의는 그런 부담이 없으니 내가 해보고 싶은 어떤 것이라도 콘텐츠로 만들어낼 수 있고, 설령 반응이 좋지 않더라도 문제 되지 않는다. 수정하고 보완해서 다음번에 더 잘 만들면 된다.

따라만 하면 되는 게임

온라인 강의를 해야 하는 세 번째 이유는 온라인 강의로 돈을 번 사람이 많아 벤치마킹하기 좋다는 점이다. 온라인 라이브 강의는 오프라인에서 하는 강의를 온라인에서 하는 것일 뿐 다를 게 없다. 그렇다 보니 강의 기획을 잘해서 오프라인에서 억대 수입을 올린 강사들은 온라인에서도 강의를 잘 판다.

한 달에 1억 원을 버는 것이 불가능한 일이 아닌 게 내가 들은 강의 중에는 수강료가 수백만 원에서 수천만 원인 것도 있었다. 수강료가 100만 원일 때 수강생이 100명이라면 수익은 1억 원이 되고, 수강료가 500만 원일 때는 수강생이 20명만 있어도 1억 원을 벌 수 있다. 거기다 온라인 강의는 장소의 제약도 없기에 수강생은 무한대로 늘어날 수 있다.

즉 남과 차별화된 강의를 잘 기획하고, 마케팅으로 노출을 잘 시키고, 세일즈 승률을 높이고, 많은 사람을 관리할 체계만 있으면 충분히 가능한 수치라는 것이다.

월 200만 원 버는 사람이나 월 1억 원 버는 사람이나 이 과정은 똑같다. 다만 마케팅과 세일즈 단계마다 승률이 얼마나 높은가, 얼마나 많은 수강생을 모집하는가, 처음부터 끝까지 모든 단계를 얼마나 빠르게 잘하느냐에 따라 매출 차이가 나는 것뿐이다. 1억 원을 버는 것이나 200만 원 버는 것이나 방법이 같다면 해볼 만하지 않을까?

온라인 강의는 실시간 라이브도 있지만 녹화 강의도 있다. 녹화 강의도 잘 만들어두면 큰 돈을 벌 수 있다. 2020년 한 해에만, 만들어놓은 온라인 강의 하나로 연 10억 원 이상을 번 사람들이 있다. 대체로 유튜브 구독자가 많은 사람이 강의 시장에 진출했을 때 그 팬덤으로 이런 매출이 나왔다.

이런 강사들은 매출 파워가 있으므로 온라인 강의 플랫폼에서도 적극적으로 광고를 해줬다. 강사의 팬덤, 업체의 영향력 그리고 광고가 만나 계속 고객이 창출되었고, 이 강사들은 단숨에 엄청난 돈을 벌었다.

돈을 번 사람이 아무도 없는 시장이라면 사람들에게 추천하기 어려울 것이다. 그런데 이미 누군가가 이 방법으로 돈을 많이 벌고 있다면? 그건 된다는 얘기니 우리 역시 그대로 하면 된다.

온라인 라이브 강의든 녹화 강의든 방법은 같다. 자신이 어떤 분야에서 1등을 할 것인지 선택하고, 그에 관해 알려주면 된다. 유료로도 아깝지 않을 강의를 무료로 계속해주는 것이다. 그럼 점점 사람들이 몰려들게 된다. 그렇게 팬덤을 만든 후 때가 되면 강의를 하면 된다. 그럼 사람들은 무료일 때도 이만큼 퀄리티 있는 걸 가르쳤으니 유료는 얼마나 더 좋을지 기대하며 온라인 강의를 결제할 것이다. 간단하지 않은가?

그런데도 이렇게 돈을 버는 사람들은 사기꾼이라고, 그렇게 절대 돈을 벌 수 없다며 핏대를 세우는 사람들이 있다. 나 같으면 사기꾼이라고 욕하며 질투할 시간에 그들이 했던 방법을 그대로 해보겠다. 1년이든 2년이든 '이 정도면 신도 감동하겠다' 싶을 정도로 치열하게 해본 후에 이게 되는지 아닌지 말한다면 사람들이 들어줄 것이다.

근데 해보지도 않았으면서 무조건 돈을 벌었다는 사람들을 욕하는 모습은 좀 애처롭게 보인다. 아무리 키보드를 두드리며 사기꾼이라고 욕해도 잘나가는 사람들은 계속 돈만 잘 번다. 그리고 번 돈으로 변호사를 선임해 욕하는 사람들을 꼼짝 못 하게 만들어버릴 수도 있다. 그러니 남의 성공을 배 아파하면서 귀한 시간을 보내지 말고 그들이 했으면 우리도 할 수 있다는 마음으로 배울 점은 배우고 따라 해보자.

고효율 끝판왕,
온라인 강의

온라인 강의를 해야 하는 네 번째 이유는 높은 마진율이다. 2019년 말~2020년 초쯤 전자책 판매로 한 달에 몇백만 원씩 번다는 사람들이 나왔다. 전자책은 한 번만 쓰면 되고, 키보드로 타이핑만 할 수 있으면 누구나 만들 수 있어서 그때 정말 많은 사람이 전자책을 쓴다고 야단이었다.

그때 나도 그 행렬에 동참했었다. 당시 임신한 상태였기에 일하지 않고 나오는 수익에 관한 욕구가 더 확 올라왔다. 그동안 전자책을 써서 고객들에게 무료로 나누어주긴 했지만 책 자체를 팔아서 일하지 않고 수입을 만들어 본 적이 없어서 기대가 되었다.

그러나 기대와 달리 내 전자책은 잘 팔리지 않았다. 전자책 시장에서는 그다지 대중적이지 않은 '어학연수'라는 주제를 다루어서인지 나는 몇 개월 동안 총 2만 원어치를 팔았을 뿐이었다. 그중 한 권은 아기를 낳으러 가는 길에 주문이 들어와 출산 기념 특별 선물과 함께 자동차 안에서 보내드렸다. 그러고는 산후조리원과 육아 등 처음 겪는 생활을 해내느라 정신이 없어 더는 하지 못했다.

물론 잘 파는 분도 많이 계신다. 그런데 그런 분들은 초기 시장을 선점했거나 유튜브 혹은 인스타그램에서의 영향력을 활용해 전자책을 판매하셨고 또 자체 사이트를 포함한 여러 플랫폼에 올려놓고 판매를 하시는 분들이었다.

나는 원래도 효율을 따지는 사람이었는데 육아로 체력과 시간이 그전의 1/100도 안 되는 상황에서는 효율이 더 중요해졌다. 그렇게 따지고 보니 내가 전자책을 잘 파는 사람들과 같은 수의 사람을 모을 수 있다면 단가가 더 높은 온라인 강의를 하는 게 훨씬 효율적이라는 판단이 들었다.

전자책은 가격이 2~3만 원만 넘어도 사람들이 비싸다고 느끼는 데 반해 온라인 강의는 보통 판매가가 10~20만 원이고 고가는 100만 원이 넘는 것도 있다. 그럼 대충 잡아도 전자책 10권 파는 게 온라인 강의 1개 파는 것과 같으니 온라인 강의를 하기로 한 것이다.

그리고 온라인 강사가 되면 전자책 역시 더 잘 팔린다는 것도 온라인 강의의 좋은 점이다. 무슨 일을 하는지 모르는 사람이 전자책을 파는 것보다는 강사가 파는 전자책이 더 신뢰가 갈 수밖에 없다.

그러니 전자책을 팔고 싶은 사람은 순서만 살짝 바꿔 온라인 강의부터 만들어 놓고 전자책도 팔면 된다. 그리고 잘하는 사람들이 하는 것처럼 온라인 강의의 영향력을 활용하고 여러 루트를 통해 판매하면 강의도, 전자책도 잘 팔릴 수밖에 없다.

폭발적인 성장세,
흐름에 올라타자

온라인 강의를 해야 하는 다섯 번째 이유는 온라인 강의 시장이 폭발적으로 커지고 있기 때문이다. 몇 년 전만 해도 내가 진입할 만한 온라인 강의 플랫폼이 별로 없었다. 스펙이 좋거나 좋은 학교 출신이거나 아주 성공한 사람들만 하는 게 온라인 강의였다.

게다가 여전히 취미 쪽 온라인 강의가 많아 내가 들어갈 자리는 잘 보이지 않았다. 그래서 어쩔 수 없이 온라인 카페를 만들고 거기서 수강생을 모집해 강의했다.

하지만 요즘은 다양한 분야를 다루는 온라인 강의 플랫폼이 엄청 많아졌다. 심지어 네이버도 이 흐름에 뛰어들었다. 2020년 8월부터 네이버 엑스퍼트에 온라인 클래스 기능을 넣은 것이다. 대기업인 네이버까지 온라인 강의 시장에 뛰어들었다는 건 그만큼 성장 가능성이 있다는 이야기이다. 이에 더해 강의하던 강사들도 자체 플랫폼 만들거나 개발자들이 사이트를 운영하는 등 정말 많은 온라인 강의 플랫폼이 등장하고 있다.

이것은 그만큼 많은 사람이 온라인 강의를 구매하고 있고, 그만큼 이 시장이 점점 더 커지고 있음을 의미한다. 한 마디로 이 시장에 돈을 쓰는 사람이 많아진다는 이야기이다. 그럴 수밖에 없는 게 우리는 영상을 소비하는 게 익숙해졌고 거기에 코로나19가 온라인 강의로의 전환을 빠르게 부추겼다.

학교와 학원을 가지 못하는 학생들은 온라인 강의를 통해 공부했고, 회사가 끝까지 나를 지켜주지 않는다는 현실을 깨달은 직장인들은 부업으로 돈 버는 법을 알기 위해 온라인 강의를 들었다. 집 밖으로 나가지 못하는 시간이 길어진 사람들은 집에서 만들거나 그림 그리기 등을 하면서 힐링을 찾았다.

즉 지금은 강의 플랫폼의 춘추전국시대이다. 그래서 각 플랫폼 MD들이 정신없이 강사들을 찾고 있다. 경쟁력 있는 강사 한 명이 직원들 몇 년 치 월급을 벌어올 수 있기에 강사 섭외에 열을 올리고 있는 것이다.

그럼 우리는 어떻게 해야 할까? 이 흐름에 동참하여 소비자로 여기저기 돈을 쓰고 다니면서 공부한다는 만족감에 젖어 살아야 할까? 아니면 강의를 만드는 생산자가 되어 성장의 기회를 잡아야 할까?

잘 만든 강의 하나,
열 남편 부럽지 않다

　온라인 강의를 해야 하는 여섯 번째 이유는 다양한 수익 창출이 가능하기 때문이다. 잘 만든 온라인 강의 하나가 어떤 기회를 가져올지 모른다는 게 참 매력적이라고 생각한다.

　온라인 강의를 만들 때 대본을 쓰는데 이 대본 하나만 가지고도 여러 가지 일을 할 수 있다. 대본의 내용을 뼈대 삼아 더욱더 발전된 생각도 할 수 있고, 대본 초본에는 있었지만 온라인 강의에는 담지 못한 정보 등은 전자책으로도 만들 수 있고, 대본 내용을 조금 변형하여 블로그나 유튜브에 올리면 내 강의 홍보 수단이 된다. 그리고 대본 내용 중 짤막한 내용은 카드 뉴스로 만들어 인스타그램 등에 활용할 수도 있다.

또 이런 기회도 있다. 강의를 보고 전체적인 맥락은 이해했지만 시간이 없거나 자신의 상황에서 어떻게 헤아 하는지 해결책이 필요한 경우 1대 1 컨설팅을 신청하는 사람이 생길 것이다. 컨설팅은 시간당 단가가 세기 때문에 적은 시간 일하고도 꽤 많은 수입을 낼 수 있다.

그리고 온라인 강의로 유명세를 얻으면 방송에 출연할 기회도 생긴다. 방송 출연은 한 번만 잘해 놓으면 다음 출연 기회로 연결되기가 쉽다. 방송 작가들은 검증된 사람을 원한다. 그래서 완전 초보를 섭외하는 리스크를 감당하기보다는 방송에 출연했던 사람 중에 괜찮은 사람을 찾는 편이다. 그래서 처음 출연한 방송에서 잘하면 다음 기회로 연결이 많이 된다. 그리고 방송 출연은 우리에게 공신력이라는 큰 무기를 주기에 이것을 홍보에 활용하면 되는 것이다.

나도 예전에 TV프로그램과 라디오 방송에 출연했고, 기사로도 나온 적이 있었다. 그런데 홍보에 전혀 활용하지 않았다. 사람들이 홈페이지에도 내걸고, 블로그에도 포스팅하는 등 대대적으로 활용하라고 했는데 "에이, 쑥스럽게 뭘요" 하며 아무것도 하지 않았다.

하지만 그렇게 하면 안 된다. 지금은 보이는 것으로 판단하는 시대이다. 그런 일이 있으면 적극적으로 알리고 홈페이지 메인 화면에도 걸어야 한다. 물론 당장 매출에 도움이 되지 않을 수도 있다. 그렇지만 방송 출연 이력은 사람들이 어느 정도 경계를 허물고 나를 바라봐 줄 수 있게 만드는 힘이 있다. 그래야 결제든 뭐든 다음 일이 일어날 수 있는 것이다.

그리고 이런 방송 출연 이력은 기업 강의 등을 나갈 때도 유리하다.

아무래도 섭외가 들어오기도 쉽고 강의료도 더 많이 받을 수 있다.

또 책을 낼 때도 훨씬 유리하다. 출판 시장이 어렵기 때문에 출판사 입장에서는 검증되지 않은 초보 작가와 일하는 것은 부담스러울 수밖에 없다. 그런데 이렇게 방송도 출연하고, 기업 출강도 나가고, 온라인에서 강의도 하면 그래도 어느 정도 판매는 할 수 있을 것 같으니 좀 더 쉽게 출간 계약을 할 수 있는 것이다.

여기서 끝나지 않는다. 수강생들이 커뮤니티에 모이면 그 안에서도 다양한 방법으로 수익화를 이룰 수 있다. 수강생 숫자가 많은 것을 활용해 광고비를 받을 수도 있고, 다른 강사의 강의를 홍보하여 수수료를 받을 수도 있으며, 공동구매를 할 수도 있고, 상위 버전의 수업을 팔 수도 있는 등 돈을 벌 기회가 많아진다.

잘 만든 온라인 강의 하나로 다양하게 수익 활동이 가능하니까 이만큼 매력적인 게 또 없다고 생각한다. 물론 온라인 강의도 초반에는 다른 것과 마찬가지로 노력해야 한다. 성실하게 연구하고 생각하고 실행해야 한다.

하지만 다른 분야보다 투자 대비 더 많은 시간과 돈, 그리고 가능성을 얻을 수 있으니 해볼 만한 가치가 있다. 또한 자신의 노하우를 세상에 전하는 것만으로도 이 사회에 엄청난 도움이 되는 활동을 하는 것이니 이보다 좋은 게 있을까 싶다.

21세기,
유튜버 다음 직업은 뭘까?

온라인 강의를 해야 하는 일곱 번째 이유는 유튜버의 인기를 이어받을 다음 직업이기 때문이다. 2018년쯤 본격적인 유튜브 열풍이 불었다. 인기 유튜버 대도서관의 연봉이 17억 원쯤 된다니까 사람들이 그럼 나도 해볼까 하며 유튜브로 몰려들었고, 이제는 초등학생들도 장래희망으로 유튜버를 말할 정도이다.

하지만 그렇게 잘되는 유튜버는 정말 극소수다. 대부분은 구독자 1,000명 모으는 것도 힘들다. 장비를 사느라 쓴 돈을 회수조차 하지 못하는 사람도 엄청 많다. 이는 중고 장터에 얼마나 많은 유튜브 장비가 매물로 나오는지만 보아도 알 수 있다.

이러한 유튜버의 실상을 사람들이 더욱더 많이 알게 되면 돈을 벌고 싶다는 그들의 욕망은 어디로 이동할까? 나는 온라인 강의라고 생각한다. 유튜브에서 구독자가 1만 명 정도 있다면 월 30만 원 정도 수익이 난다는 이야기를 들었다. 그 정도면 유튜브를 계속 해야 하나 말아야 하나 고민이 될 것이다.

하지만 이 사람이 강의를 한다면 이야기는 달라진다. 1만 명의 구독자 중 1%만 강의를 구매한다 해도 수강생이 이미 100명이다. 온라인 강의는 기본 단가가 10~20만 원 정도이다. 그럼 수익은 얼마일까? 1,000~2,000만 원이다. 그중 절반만 가진다고 해도 웬만한 직장인 월급보다 많다.

앞으로 온라인 강의 시장에 유튜버들도 엄청나게 뛰어들 것이다. 그들에게 그동안의 유튜브는 그다지 돈도 안 되고 만드느라 시간만 뺏기던 일이었을 수 있다.

하지만 앞으로는 유튜브가 돈 받고 하는 강의의 홍보 수단이 될 테니 매력적으로 볼 것이다. 강의가 괜찮다면 기업 강의를 나갈 수도 있고 출간 제안을 받는 등 여러 기회가 생길 것이다.

나는 이걸 2016년부터 해왔다. 구독자가 100명도 안 될 때 이미 수익이 났고 영상 3~4개로 월 2,000만 원 넘게 벌었었다. 나뿐이 아니다. 이미 너무나 많은 사람이 유튜브를 홍보 창구로 쓰고 강의로 돈을 벌고 있다.

2023년 3월, 무려 7년이나 지난 시점에 이런 이야기를 처음 듣는다는 15만 구독자의 유튜버가 있어 깜짝 놀랐다. 이제 유튜버들이 알 때가 된 것 같다. 그럼 그들은 온라인 강의 시장으로 몰릴 것이다. 끼

넘치는 유튜버들이 온라인 강의를 한다면 얼마나 재밌고 볼거리가 많겠는가?

그들은 온라인 강의를 통해 훨씬 더 많은 돈을 벌 것이고, 그들이 좋아하는 일을 하면서 돈도 버는 모습을 보고 일반인들도 서서히 뛰어들 것이다. 잘나가는 유튜버의 몇십억 원 수익은 현실성 없게 느껴지지만 월 500~1,000만 원 정도의 수익이라면 그래도 해볼만하다는 생각이 들지 않는가? 그러니 온라인 강의에 도전하는 사람이 많아질 것이라고 본다.

이미 미국은 2000년대 초부터 이 시장이 상당히 성장세였지만 우리나라는 이제 시작이다. 2018년에 만난 수강생이 너무 늦은 것 같다며 불안해했는데 아직도 초기 시장이다. 대단한 스펙이 있지 않아도 누구나 할 수 있는 게 온라인 강의다. 이 거대한 흐름에 몸을 맡기고 빠르게 내가 할 수 있는 분야를 선점하시기 바란다.

경쟁할 수 없는 걸 내세워라

단순히 강의하는 기술을 가르치는 강사는 많다. 그렇지만 기술은 여기든, 저기든 비슷하므로 높은 가격을 받을 수 없다.

하지만 똑같은 주제라도 그 사람만의 고유한 스토리, 경험, 지식, 인간적 매력을 입히면 특별해진다. 예를 들어, 중국어 강사는 엄청나게 많다. 그래서 단순히 중국어를 알려주는 강의로는 경쟁력이 약하다.

그러나 '미국 대학 입시를 위한 중국어 강사' '중국 온라인 마켓에서 10년 현장 경험 있는 강사' 'HSK 4급 시험을 2주 만에 끝내주는 강사' 등 자신만의 특징을 더하면 이야기가 달라지는 것이다.

25살 때 중국어 과외를 했던 적이 있다. 일반 강의가 시간당 3~4만 원이라면, 미국 대학 입시를 위한 중국어 강의는 시간당 7만 원도 받았다. 내용 자체는 어렵지 않았지만 그렇게 하는 강사가 많지 않았기에 과외비를 많이 받을 수 있었다.

이런 예는 또 있다. 중국어 말하기 대회 수상 경력은 학생들의 입시 포트폴리오에 꽤 도움이 되는 내용인데, 이걸 알려주는 강사가 없었다. 그래서 '전국 말하기 대회 1등' '세계 대회 우수상 수상' 등의 경력과 경험을 강조해 강의를 개설했다. 그랬더니 놀랍게도 회화 수업 대비 10배 더 많은 수강료를 받을 수 있었다.

중국어를 가르친다는 것 자체는 남과 다르지 않았지만, 이처럼 '나만의 것'을 붙이니 특별해졌다. 그러니 당신의 온라인 강의에도 남과 다른 '차별화 한 스푼'을 넣어보길 바란다.

Part 3.

온라인 강의?
누구나 할 수
있다!

정말 누구나 다 할 수 있을까?
4가지 사례로 보여드립니다

내가 아무리 온라인 강의가 좋고 이를 통해 돈을 벌었다고 말해도 믿지 못하는 사람이 많다. 그게 아무나 다 가능하다면 돈을 벌지 못하는 사람은 왜 그렇게 많으냐고 따진다. 심지어 사기 치지 말라고 하는 사람도 있다.

하지만 지금은 엄청난 스펙과 전문성으로 무장해야만 강의를 할 수 있는 시대가 아니다. 나에게는 별것 아닌데 누군가에게는 꼭 필요한 것일 때도 많다. 그러니 내가 도울 수 있는 수준의 사람만 돕는다면 누구나 강사가 될 수 있다.

여전히 "정말 돼? 그게 된다고?" 하는 독자들을 위해 (자세한 강의 기획은 'Part 4. 팔리는 온라인 강의는 기획부터 다르다'에서 다룰 예정이니 여기서는 이게 가능하다는 것만 확인하길 바란다) 주변에서 흔히 볼 수 있는 보통의 인물이 온라인 강의를 기획하는 과정을 가정하여 보여 드리겠다. 그럼 이들의 이야기를 따라가 보자.

아직 은퇴 준비가 되지 않은 59세 일용직 근로자 강순자 씨

요즘 일이 없어 두 달째 쉬고 있다. 60이 넘어도 계속 일하고 싶은데 언제까지 일할 수 있을지 불안하다. 수입은 줄어가는데 재산세에, 실비 보험에 나가는 돈은 어째 점점 늘어가는 것 같다.

다음 주에는 예쁜 우리 손녀 백일이다. 예전 같으면 30만 원 정도 줬을 텐데 이제는 쉽지가 않다. 그래도 할미 체면이 있으니 그냥 넘어가긴 그렇고 뭐 좋은 방법이 없을까 고민된다.

그때 딸아이가 예전에 엄마가 옷 만들어줄 때 진짜 좋았다며 옷을 만들어 선물하면 어떻겠냐고 한다. 그건 젊었을 때고 지금은 어떻게 하는지 기억도 잘 안 나는데 되겠냐고 하니까 요즘은 유튜브에 좋은 영상이 많으니 보면서 해보라고 한다.

그래? 한 번 해볼까? 자신은 없었지만 혼자 하는 게 아닌 유튜브를 보고 따라 하는 건 그래도 할 수 있겠다 싶었다. 재단하고, 겉감과 안감을 연결하고, 소매를 만들어 몸 부분과 연결하고, 밑단을 박고, 단추를 다니까 그럴듯한 원피스가 만들어졌다.

만들고 나니까 원단이 남는다. 다른 손주들 것도 만들어보기로 한다. 아이들 옷을 만들다 보니 일없이 쉬면서 불안하고 우울했던 마음을 잠시나마 잊을 수 있었다.

드디어 손녀의 백일 날이다. 내 선물이 생각보다 반응이 좋다. 24개월, 돌쟁이, 백일 된 손녀까지 3명 모두 똑같이 입혀놓으니 그렇게 귀여울 수가 없다. 내가 만든 옷을 입고 환하게 웃는 아이들을 보니 그래, 이게 행복이지 싶다.

예상 못 한 뜨거운 반응에 옆에 있던 남편이 더 신났는지 허세를 부린다. "예쁘냐? 니네들 것도 만들어달라고 해, 엄마 솜씨 엄청 좋아!" 아이고, 이 양반 성화에 못 이겨 해준다고 말은 했는데 어른 옷은 안 해봐서 걱정이다. 그래도 딸이 옆에서 힘을 준다.

"엄마 애들 옷도 30년 만에 하면서 그렇게 잘했는데, 그냥 크기만 좀 큰 어른 옷 못하겠어? 유튜브 보면서 하고, 책도 몇 권 사줄 테니까 해봐요, 또 알아요? 이걸로 제2의 직업이 생길지?"

딸의 응원에 힘입어 유튜브랑 책을 보면서 며칠간 씨름한 끝에 아들, 며느리, 딸, 사위 것도 다 만들게 됐다. 할 때는 이게 옷이 되는 건가, 내가 지금 뭐 하고 있니 싶었는데 만들고 나니까 뿌듯하다. 다 같이 비슷한 옷을 입으니 다 큰 아들, 딸도 귀엽게 보이고 추억 하나 더 쌓은 것 같아 좋다. 그때 사위가 이야기한다.

"어머님, 옷 진짜 잘 만드시는데 이쪽으로 나가실 생각 없으세요? 이렇게 패밀리 룩 만드는 거 강의하셔도 될 거 같은데요?"

강의? 강의라는 말에 심장이 두근거린다. 사실 나는 교사가 되고 싶었다. 집안 형편상 15살부터 일을 해야 했기에 포기했던 꿈이었다. 설레는 생각이 들면서도 나 같은 게 누굴 어떻게 가르치나 싶은 생각이 들었다.

사위가 내 표정을 읽은 것 같다. 요즘은 공부 많이 하고 많이 배운 사람만 가르치는 시대가 아니라면서 인터넷으로 강의를 구매해 볼 수 있는 사이트를 보여준다. 그러면서 열정적으로 이야기한다.

"어머님 보세요, 여기 보시면 미싱 가르치는 분이 이렇게나 많아요. 아이 옷 만들기, 강아지 옷 만들기, 천가방 만들기……."

"에이, 아무리 그래도 그 사람들은 그 일을 오래 했겠지."

"아닌데요? 여기 이 강사님 보이시죠? 이분은 3개월 전에 처음 미싱을 접했는데 더 잘하고 싶어서 가르친다고 써 있는데요? 이제 막 왕초보를 벗어난 초보자가 왕초보의 마음을 가장 잘 안다면서요, 그럼 어머님도 하실 수 있겠는데요? 어머님은 30년 경력이잖아요!"

많이 못 배웠다, 오래 안 했다 뭐 갖은 이유를 댔지만 말 잘하는 사위한테는 당해낼 수가 없다. 사실 마음 한구석에는 하고 싶은 마음이 있으면서도 할 수 있다는 말이, 해보라는 말이 듣고 싶었는지도 모르겠다. 그때 사위가 쐐기를 박는다. "어머님, 강의 준비 다 도와드릴게요! 제가 시간제 강사이긴 하지만 대학교수 아닙니까?"

사위의 호탕한 제안에 이제 더는 빼는 척도 못 하겠다. 그래! 나도 한 번 해보자. 까짓것! 다 사람이 하는 일인데 나만 못할 게 뭐 있겠어? 그리고 어차피 일도 쉬고 있으니 시간도 많겠다, 잘되면 돈도 벌 수 있다니 안 할 이유도 없을 것 같다. 해보자!

사위는 성격이 급하다. 앉은 자리에서 시장조사를 하자고 한다. 대단하다. 인터넷에 '미싱 강의'를 쳐 보니 이걸 배우려는 사람이 꽤 많다. 면 마스크, 에코백, 파우치, 티코스터 등 종류도 많다. 사위가 신이 나서 떠든다. "어머님, 수요는 꽤 있는 거 같은데요? 이제 경쟁자 조사도 해볼까요?" 경영학과 교수라 그런지 꽤 체계적이다. 강의 파는 사이트에 들어가서 어떤 강의들이 잘 팔리는지 확인해보자고 한다.

나 같은 아줌마도 많이 보인다. 어떤 사람은 앞치마 만드는 법을 알려주고 어떤 사람은 재봉틀로 파우치 만드는 걸 가르치고 있다. 수강생들 반응도 괜찮다. 오? 나도 해볼 만할 것 같다. 그리고 가르치면서 만든 것을 팔아도 되니 이쪽저쪽으로 돈이 나올 수 있을 것 같다. 이제는 내가 더 적극적으로 물어본다.

"그 미싱으로 만든 가방이나 옷, 인터넷에서 얼마쯤에 팔리는지 볼 수 있나?"

"그럼요, 잠시만요. 오 여기 나오네요, 어머님 이렇게 생긴 원형 핸드백이 4만 원이네요, 어머님 이런 거 하루에 3개씩만 팔려도 지금 월급 이상 버시겠는데요?"

하루에 30개씩 팔라면 못할 것 같은데 하루에 2~3개는 사위가 도와주면 충분히 팔 수 있을 것 같다. 내가 물건을 사서 써보기만 했지, 내가 이렇게 제품을 만들고 강의를 만들어서 팔 수 있을 거라 생각 못 했는데 오랜만에 가슴이 뛰고 설렌다. 어차피 옷 만드는 건 다 비슷하고 조금씩만 바뀌는 거니까, 공부하고 연습하면 나도 가르칠 수 있을 것 같다.

여기저기 사이트를 비교해보니, 부모와 아이가 함께 입는 커플룩에도 수요가 있는 것 같다. 이걸로 시작해야겠다. 어떻게 될진 모르겠지만 일단 해보려고 한다. 또 아는가? 나도 한국의 마사 스튜어트가 될지? 은퇴 준비만 생각하면 가슴이 답답했는데 이걸 통해 용돈 벌이라도 될 수 있다면 안 할 이유 없는 것 같다.

직장만 믿기 불안한 30대 중반 회사원 김도영 씨

나는 프로그램 개발자다. 한 달에 200만 원 조금 넘는 돈을 받고 있다. 근데 회사가 좀 어려운 듯하다. 구체적인 사정은 잘 모르겠지만 직원 대부분을 정리해고할 것 같다. 하, 입사한 지 5개월인데 왜 내가 가는 회사마다 이런지…….

내가 여기서 살아남을 수 있을까? 매출이 탄탄한 회사도 아니고, 직원들의 충성심이 좋은 것도, 사장님이 똑똑한 것도 아니다. 사장님도 방법이 없는지 아니면 무서운 건지 1주일째 회사에 얼굴도 안 보이고 있다. 월급이 벌써 2개월 치가 밀렸는데 앞으로 어떻게 하겠다는 말도 없이 그냥 잠수 중이다. 무능하다.

직원 월급이 밀렸다는 건 아마 다른 건 더 심각하다는 뜻일 것이다. 안 그래도 경리팀 이야기를 들으니 세금이나 공과금도 제대로 못 내서 맨날 회사로 독촉 전화가 온다고 한다. 이 정도로 심각하면 내가 봤을 때 회사 인력 중 80%는 나가야 하지 않을까 싶다. 그럼 누가 남게 될까?

내가 20% 안에 들 수 있을까? 대표가 하는 말이라면 껌뻑 죽는 시늉도 하는 팀장이 버티고 있는데 우리 팀에서 내가 살아남을 수 있을까? 만약 상황이 더 안 좋아져서 딱 1명 남게 되면 나는 살아남을 수 있을까?

다 자르고 한 명 남긴다면 나는 가망이 없어 보인다. 나하고 사장하고 둘이서 뭘 어쩌겠는가? 차라리 영업사원이 남으면 나가서 물건을 팔고, 그럼 어떻게든 회사를 살릴 텐데 나는 그런 것도 아니다.

1주일씩이나 잠수 타는 대표를 믿고 기다리느니 내 살길은 내가 찾아야겠다. 뭘 해야 할까? 일단 다른 회사에도 이력서를 내는 건 내는 거고, 그 회사도 비슷할 수 있으니 주말에 할 수 있는 일을 찾아봐야겠다.

유튜브에서 주말만 일하고 돈 버는 방법을 찾아본다. 전자책 이야기도 나오고 블로그도 말하고 쿠팡이나 스마트 스토어, 온라인 강의 등이 보인다. 나는 글을 잘 쓰지는 못하니 전자책과 블로그는 아닌 듯하고 쿠팡이나 스마트 스토어는 어떨까? 아무래도 CS 응대를 해야 할 테니 이런 것도 나랑은 안 맞을 것 같다. 아, 한 번 만들어 놓고 계속 팔리는 온라인 강의 괜찮아 보인다. 그래 이거 하자!

그럼 난 뭘 가르칠 수 있지? 웹사이트 제작? 이 일은 단가는 높지만 일이 있다가도 없을 수 있고 어쨌든 아직은 직장인이라 시간을 많이 내기 어려울 것 같다.

또 뭐가 있을까? 요즘 초등학생은 코딩도 많이 배운다니까 그걸 알려줘 볼까? 1인 창업하는 사람 많으니 사이트 만드는 법을 알려줄까? 파이썬을 알려줘 업무 자동화에 도움을 줄까?

초등학생 코딩은 수요는 많은 것 같지만 나는 초등학생과 학부모들을 상대할 말재주가 없다. 아, 자동화에는 관심이 많으니 나도 공부할 겸 파이썬을 알려주면 좋을 것 같다. 오케이, 강의 주제는 나왔고 다른 사람들은 어떻게 가르치는지 한 번 봐야겠다.

오, 이 사람은 문과 출신이라서 문과생들의 마음을 잘 안다고 하고, 저 사람은 30분 만에 몇 개월 치 업무를 해치웠다고 하네? 그리고 이 사람은 책을 쓴 저자네. 나는 뭘로 승부 보지? 그 사람들이 못 주는 차별점을 잘 살려야 될 텐데, 뭐가 좋을까? 경력이나 능력으로는 안 될 것 같고, 강의 경험도 없으니 친절함이라도 줘야겠다.

30분 동안 작업한 거 봐주고, 질문에 답변 주는 1대 1코칭을 무료로 해보면 어떨까? 그리고 오픈 채팅방 만들어 질문이나 답변 등을 자유롭게 하라고 해보자. 또 뭐가 있을까? 그래 내가 만든 코드 소스를 통째로 제공해주는 것도 해보자.

파이썬을 처음 배우는 사람들은 외계어처럼 어려울 거고, 강사한테 질문해도 답도 빨리 안 주고 어렵게 설명할 테니, 나는 심도 있게 답변도 주고 채팅방에서도 빠르게 답을 해서 수업 들으면서 느끼는 답답함이 없게 해야겠다. 그리고 내가 만든 소스 코드를 줘서 빨리 잘할 수 있게 해야겠어. 일단 이렇게 시작하고 점점 줄 수 있는 것을 늘려보자. 좋아!

나는 어디에 강의를 올릴까? 홈페이지 하나 만들까? 아니다. 그건 시작하기 전에 너무 일이다. 그리고 내가 사이트는 잘 만들어도 마케팅이 안 되니까 그냥 온라인 강의 플랫폼에 올려놓고 월 몇만 원이라도 나오게 해보자.

취업이 힘겨운 28세 취준생 한강식 씨

나는 패션에 관심이 많다. 그렇지만 패션 분야에서 일자리를 찾는 건 쉽지 않다. 이쪽 업계의 인턴 일은 거의 무료 봉사나 다름없다는 건 이미 유명하고 그마저도 잘 뽑지도 않는다. 무작정 기다릴 수는 없다. 뭐라도 해야겠다. 내가 뭘 할 수 있을까?

나는 건강한 몸과 열정 그리고 약간의 패션 지식이 있다. 이걸로 할 수 있는 게 뭘까? 남들처럼 하면 남들 정도의 대우밖에 받을 수 없다. 나는 남과 다른 방법으로 정상에 서고 싶다.

그럼 나는 어떻게 해야 성공할 수 있을까? 예전에 디지털카메라를 너무 좋아해 온라인 카페를 만들어 디지털카메라에 관한 정보와 자신의 경험 등을 알려주는 사람을 디지털카메라 전문 회사 캐논 Canon에서 채용했다는 이야기를 본 적이 있다.

10만 명이나 되는 온라인 카페 회원들과 소통하며 고객들의 니즈를 확실하게 알고 있고, 디지털카메라를 활용하는 다양한 방법을 누구보다 잘 설명할 수 있는 사람이라서 학점도, 토익도 보지 않고 데

려갔다고 한다. 이것을 나에게 맞게 적용해보면 어떨까? 그 사람은 디지털카메라였다면 나는 패션으로 해보는 거다.

그럼 패션 중에 특히 어디에 초점을 맞추어볼까? 내 인스타그램 포스팅 중 길거리 패션 사진이 사람들에게 반응이 좋으니 '패션 인스타그램 운영 노하우'를 알려주어도 좋겠고, 내가 패션 분야 인플루언서로 협찬받아 홍보해주는 것도 누군가한테는 도움이 될 것 같고, 또 우리 강아지 옷도 내가 직접 만들어 입히니까 강아지 옷 만드는 걸 알려줄 수도 있을 것 같다.

또 있다. 우리 누나는 나와 달리 옷에 관심이 적어 패션 센스가 없는데, 내가 쇼핑할 때 함께 다니며 골라준 적도 많으니 옷 잘 입고 싶은 사람들에게 그 사람의 체형, 분위기, 패턴, 상황에 따라 T.P.O(시간 time, 장소 place, 상황 occasion)에 맞게 옷 잘 입는 방법을 알려줄 수도 있을 것 같다. 재밌으면서도 패션 업계 취업에 도움이 되는 일로 하고 싶은데 뭐가 좋을까?

옷을 잘 입고 싶지만 어떻게 입어야 할지 모르는 사람들에게 옷 잘 입는 방법을 알려주는 일이 제일 재밌을 것 같다. 커리어적으로도 도움이 될 테고. 뷰티 유튜버들처럼 상황이나 분위기에 맞게 어떻게 옷을 입어야 하는지 알려주어도 좋을 것 같고, 나만 알고 있는 트렌디한 옷 가게 리스트를 공유하는 것도 괜찮을 것 같다. 그리고 한 벌로 여러 벌인 듯한 효과가 있는 꿀템도 소개하면 반응 괜찮겠지?

이건 내가 앞으로도 계속 재밌게 공부하고 싶은 분야이니 나도 즐거울 것 같다. 우선 이걸로 유튜브를 키워봐야겠다. 그리고 이미 어느 정도 있는 인스타그램 팔로워를 유튜브 구독자로도 연결되도록 해야 겠어.

그렇게 유튜브 구독자가 1만 명이 넘어가면 온라인 강의 플랫폼에서 강의를 해야겠다. 무료 정보도 이렇게 좋은데, 유료로 하는 강의는 얼마나 더 좋을지 기대하도록 만들면서 사람이 몰려들게 해야지!

육아하느라 경력이 단절된 36세 박지희 씨

나는 꽤 괜찮은 대학교를 졸업했고 외국계 회사에 다니던 잘나가던 커리어 우먼이었다. 하지만 임신과 동시에 결혼하게 되어 일을 그만둘 수밖에 없었다.

이제 아이가 초등학교에 입학하니 다시 뭔가를 해보고 싶다. 뭘 할 수 있을까? 지난 8년간 잘했다고 생각되는 게 하나 있는데 외벌이 남편 월급을 잘 모으고 불린 일이다. 싱글 때는 비싼 마사지도 받고 발레 학원도 다니고 옷도 화려하게 입고 다녔는데 결혼 후 배우자 혼자 버는 돈으로 생활해야 하니 모든 게 쉽지 않았다.

너무 갑갑하고 숨이 막혔다. 그렇다고 매날 불평만 할 수는 없었다. 그래서 한동안은 돈을 더 벌어보려고 아르바이트도 하고 집에서 하는 부업도 해봤다.

그런데 쉽지 않았다. 일하다가도 아이가 다쳤다는 소식이라도 들으면 눈치를 보며 뛰어나와야 했기에 무슨 일이든 오래 다니기 어려웠고, 더 많은 돈을 벌게 해준다던 부업은 초기 투자금이 있어 쉽지 않았다.

이것도 저것도 쉽지 않은 상황에서 다행히 좋은 문구를 하나 보게 되었다. '돈을 더 버는 건 내 마음대로 되지 않을 수 있지만, 씀씀이를 줄이는 건 내가 충분히 통제할 수 있다!'라는 문장이었다. 왜 이렇게 생각하지 못하고 자꾸 더 벌려고만 했을까 싶었다.

그렇게 가계부를 써보았다. 남편 월급은 매달 고정되어 있는데 우리는 버는 돈 이상을 쓰고 있었다. 충격이었다. 이대로라면 우리 가족은 점점 더 빚만 늘어날 게 뻔했다.

이대로는 집도 못 사고 맨날 돈 걱정하면서 아이에게도 아끼라는 소리밖에 못 하는 부모가 될 것 같아 무서웠다. 그리고 그렇게 정신 없이 살다 보면 어느 순간 나에게도 노후는 찾아올 것이고, 그때 늙고 힘없고 기댈 곳 없는 초라한 모습이 될 수도 있다고 생각하니 너무 끔찍했다. 게다가 사랑하는 우리 아들한테 짐이 되는 엄마라니, 이건 있을 수 없는 일이다.

계속 이렇게 살 수는 없었다. 그래서 이를 악물고 아낄 수 있는 것은 아끼기로 했다. 우선 외식은 아예 하지 않기로 했다. 요리를 못한다는 이유로 사 먹던 음식값을 모아보니 100만 원이 넘었다. 요즘은 조금만 검색해보아도 쉽게 할 수 있는 레시피가 많기에 하나의 재료를 다양하게 활용하는 음식을 만들어 먹으며 식비를 아꼈다.

처음에는 쉽고 빠르고 맛있는 배달 음식의 유혹을 끊어내는 게 쉽지 않았지만 '먼저 배달 음식 이야기를 하거나 주문하는 사람은 상대방의 소원 들어주기'로 배우자와 내기까지 했다. 그러자 자존심 강한 우리 둘 누구도 배달 음식 이야기를 하지 않았다.

그리고 휴대전화 요금제도 알뜰 요금제로 싹 바꾸었고 뭐가 뭔지도 모르고 일단 든 보험 중 보장이 중복되는 상품도 해지했다. 버는 돈보다 쓰는 돈이 많았던 상황에서는 10만 원 저금하는 것도 정말 어려웠다. 하지만 이렇게 조금씩 아끼고 늘려 지금은 월급의 절반 이상을 저금하고 있다.

이런 나의 이야기가 집에서 아이만 키우느라 스스로가 쓸모없고 뒤처졌다고 느끼는 엄마들에게 우리는 노는 게 아니라고, 우리가 하는 일은 아주 가치 있는 일이라고 전할 수 있지 않을까 싶은 생각이 들었다. 8년 전의 내가 가계부를 쓰지 않았다면 우리 가족이 지금까지 버틸 수 있었을까? 매일 싸우고 있지는 않았을까?

우리 가족은 지금 행복한 꿈을 꾸고 있다. 매달 모은 돈으로 투자를 했더니 월급 외에도 약 100만 원 정도를 월세로 받고 있다. 가진 돈 자체는 많지 않지만, 월급 외에도 100만 원씩 돈이 들어온다는 건 우리에게 큰 안정감을 준다. 그리고 지금 우리는 젊고 열심히 일하기에 부가적으로 버는 돈은 다 투자하고 있는데 이 100만 원 덕분에 더욱더 빨리 부자가 될 수 있다는 게 눈에 보여 아주 설렌다.

월 200만 원씩 1년 모으면 2,400만 원인데, 월 300만 원씩 모으면 3,600만 원이다. 1억 원을 모으는 데 전자는 4년이 걸리지만 후자는 3년도 채 안 걸리게 된다. 그리고 이 목표는 우리가 성실히 돈을 모아감에 따라 점점 더 기하급수적으로 빨리 이루어질 것이다.

이러한 내용을 다른 부모들과 나눌 때 나는 큰 행복을 느낀다. 나는 글을 쓰고 말하는 걸 좋아하니까 우선 이런 이야기들을 블로그와 관련 카페에 연재하고, 같은 내용을 영상으로도 만들어 유튜브에 올려야겠다. 그리고 그들에게 도움이 되는 전자책을 제작해 무료로 나눠주고, 반응이 괜찮으면 내 블로그를 통해 온라인 강의 수강생으로 모집해 수익화해볼 계획이다.

나의 경험이 누군가에게는 희망이 되고 도움이 될 수 있다고 생각하니 설렌다. 그리고 돈도 더 많이 벌 수 있으니 더 좋다! 내친김에 책까지 써봐야겠다. 제목은 '마이너스에서 시작해 10년 만에 20억 건물주가 된 여자의 재테크 비결'이 어떨까? 생각만 해도 가슴이 뛴다.

이상 우리 주변에서 쉽게 볼 수 있는 인물 4명을 가상으로 설정해 이들이 온라인 강의를 만든다면 어떻게 할 수 있을지 살펴보았다. 내가 사례로 든 사람들은 대단한 스펙이 있다거나 그 분야에 몇십 년씩 종사한 전문가가 아니다.

그런데도 온라인 강의를 할 수 있다. 그 이유는 누군가에게는 이러한 정보가 꼭 필요하거나 도움이 되기 때문이다. 그러니 스스로 나는 스펙이 없고 전문성이 없다고 망설이지 않길 바란다.

온라인 강의를 준비하는 동안 더 많이 공부하고 연구하게 되니 실력은 자연스레 쌓이게 된다. 그리고 그 일을 지속하면서 같은 고민을 하는 사람들을 만나다 보면 전문가가 될 수밖에 없다. 우리에게 중요한 점은 우리의 지식과 경험으로 온라인 강의를 만들어 자신의 문제를 스스로 해결하고, 다른 사람이 자기 문제를 해결할 수 있게 돕는 것이다. 그 외의 생각들은 모두 불필요하다.

물론 아무리 이리 보고 저리 보며 생각해도 나는 도저히 강의할 게 없다는 사람이 있을 수 있다. 좋아하는 것도, 잘하는 것도, 지속해온 것도, 관심 있는 것도 없다면 그럴 수 있다.

그럼 내가 앞으로 계속 알고 싶은 걸 배우면 된다. 그 하나를 파고 들다 보면 분명 처음 하는 사람보다 나은 부분이 생길 것이다. 바로 그걸 알려주면 된다.

대신 본인의 상황을 인정하고 받아들여야 한다. 왜 나는 가르칠 게 없냐며 신세 한탄만 하거나 왜 나는 바로 돈을 벌 수 없느냐며 울 일이 아니다. 당장 결과를 만들겠다는 욕심을 버리고 인풋부터 채워 넣자. 언젠가 가득 차게 되면 그것으로 온라인 강의를 시작해도 충분하다.

마케팅과 판매를 부끄러워하지 말자

오직 강의 내용으로 승부를 보겠다는 강사가 많다. 하지만 정말 돈을 '잘 버는' 강사가 되고 싶다면 강의만으로는 부족하다. 상위 1% 강사 중에 강의 못 하는 사람이 있는가? 없다. 강의는 기본이고, 마케팅과 판매 등도 잘 알고 있어야 탑클래스 강사가 되는 것이다.

우리가 기억해야 할 점은 마케팅과 판매가 절대 남을 귀찮게 하거나 부끄러운 일이 아니라는 것이다. 내가 제공하는 서비스가 수강생의 삶에 도움이 된다면 적극적으로 권해야 한다. 오히려 제대로 알리지 않아 그들이 문제를 해결하는 데 도움이 되지 못한다면, 그게 더 나쁜 것이다.

수강생 중 한 달에 1,000만 원 넘게 버는 분이 있다. 하지만 여전히 마케팅과 판매를 어려워하신다. 하루는 예비 수강생이 곧 수강료를 입금하겠다고 하고서는 며칠째 연락이 없다며 한숨을 쉬셨다. 표정과 말투로 보아 반쯤 포기하신 것 같았다. 그래서 다시 전화해 어떤 상황인지 물어보시라고 했다. 떨려 하면서도 전화를 거셨다. 결과는 어떻게 되었을까?

그분은 그날 하루 만에 500만 원을 버셨다. 자신감을 얻은 그분은 이렇게 하면 월 1,000만 원이 아니라 월 1억 원도 가능하겠다고 하셨다. 이분과 함께 세계적인 베스트셀러 『10배의 법칙』의 저자 그랜트 카돈의 비즈니스 콘퍼런스에 간 적이 있다. 거기서 그랜트 카돈이 말했다.

"내가 자꾸 당신에게 뭔가를 파는 것 같다면, 그건 당신이 마땅히 해야 할 행동을 하지 않아서 그런 것이다."

파는 건 좋은 것이다. 그들의 문제를 해결하는 열쇠를 제공하는 것이다. 그러니 부끄럽거나 불편해하지 말고, 즐기면서 해보자. 단, 제대로 된 상품과 서비스를 팔아야 하는 건 너무나 당연하다.

1개월 만에 2.5배 더 벌기, 배서희 님

• 소피영작소_영어 자존감 회복 코치
• 클래스101 '소피영작소' 강사

Q. 온라인 강의를 하시고 달라진 점은 무엇인가요?

그동안 성인 대상으로 1대 1 영어 수업을 쭉 해왔어요. 디즈니와 외항사 승무원의 경험을 녹여 만든 강의라 수강생들의 실력도 많이 늘었고 수업 만족도도 높았습니다. 하지만 지역에서만 운영하다 보니 한계가 있었고 코로나19 이후로는 그마저 타격이 커 답이 보이지 않는 상황이었어요.

그러다 우연히 1억치트키 님의 전자책을 읽었고 처음부터 끝까지 내 이야기라는 생각이 들었습니다. 의지는 강한데 어디부터 해야 할지 몰라 답답하던 차에 딱 맞는 강의를 찾게 되어 지금까지 인연을 이어오고 있습니다.

저는 1억치트키 님이 "지금" "당장" "빨리" "바로" 시작하는 실행력을 강조하셔서 가르쳐주신 그대로 하려고 애썼어요. 그랬더니 완전히 새로운 방식을 시도했음에도 1개월 만에 기존 매출 대비 2.5배가 늘었고, 클래스101 수업 오픈 준비도 하나하나 도와주셔서 혼자 했다면 못했을 일들을 수월하게 진행하고 있습니다.

제가 1억치트키 님에게 가장 크게 배운 점은 '절박한 사람에게 내가 가진 능력으로 더 많이 도움이 되는 가치를 만들라는 것'이었습니다. 그게 뜬구름 잡는 이야기가 아니라 배운 대로 하니 바로 성과가 보여 저는 더 믿고 따르게 되었습니다.

Q. 온라인 강의를 준비하는 분들에게 들려주고 싶은 이야기가 있을까요?
'이래서 안 될 거야, 저래서 못할 거야' 하지 말고 1억치트키 님이 알려주는 대로 해보시기 바랍니다. 그러면 수익도 지금보다 몇 배는 나고, 강사로서 본인의 가치도 훨씬 더 높아질 거예요.

Q. 1개월 만에 매출이 2.5배나 오른 비결이 있을까요?
제가 가르치는 과목에 관한 열정과 실력은 있었지만 사람들이 내 강의를 알아볼 수 있는 마케팅은 전혀 하지 않았어요. 그나마 했던 게 카카오톡 오픈채팅방을 만들어 두고 지역 사람 중 영어에 관심 있는 사람을 모으는 정도였지요. 교육열이 크게 높지 않은 동네였기에 존재만으로 수강생을 받을 수 있었던 듯해요.

하지만 이렇게 해서는 언제까지나 내 사업을 스스로 통제할 수 없다고 생각했어요. '만약 바로 옆에 유명 어학원이 들어선다면 이 사업의 운명은 어떻게 될까?' '그들이 오픈 기념이라며 미친 듯한 가격 할

인을 하면 어떻게 될까?' 그렇게 생각하니 이렇게는 지속할 수 없다는 위기감이 들었어요. 그리고 이미 코로나19로 위태로운 자영업자 생활을 이어가고 있었고요.

제가 1억치트키 님에게 받은 솔루션은 크게 3가지였는데요. 첫째, 동네 학원이라는 한계에서 벗어나 전국에서 수강생을 받을 수 있도록 온라인 강의를 할 것. 둘째, 전국에서 찾아올 수 있게 나만의 차별화한 특색을 만들 것. 그래서 그동안은 일반 영어 학원과 다를 게 없었지만 디즈니랜드 근무와 100여 개국 이상의 사람들과 일한 승무원이었다는 이점을 활용해 개인별 성향에 맞는 영어 공부 방법을 알려주는 곳으로 재탄생시켰어요.

마지막으로 마케팅과 세일즈를 적극적으로 할 수 있는 방법을 알려주셨어요. 부끄럽지만 1억치트키 님은 제게 "소피 님은 코딩은 하나도 모르지만 구글에서 하나씩 찾아 사람들이 자신의 성향을 테스트할 수 있는 웹사이트를 만들 만큼 대단한 분이세요. 그 정도 저력이 있고 자기 일에 애정이 있는 분이니 마케팅과 세일즈 능력을 조금만 갖추어도 매출이 분명 오를 거예요!"라고 말씀해주셨어요.

그 응원에 힘입어 남들은 돈 받고 파는 전자책을 무료로 나눠드리기도 하고 성향 테스트도 무료로 하게 하는 등 고객이 돈을 내지 않아도 즐기고 볼거리를 많이 제공했어요. 그러자 고객들이 알아서 상담도 신청하고 수강 문의도 남겨주시더라고요. 이렇게 전략적인 변화와 노력이 만나 1개월 만에 2.5배가 넘는 매출을 만들 수 있었어요. 지금은 월수입이 1,000만 원 정도 되고요.

Q. 소피 님의 집중력은 유독 남달랐던 것 같습니다. 집중력과 관련한 일화를 들어볼 수 있을까요?

제가 1억치트키 님 강의도 잘 따라오고 과제 역시 빠르게 해서 수강 문의는 물론 상담까지 빠르게 잡히니 감사하게도 1억치트키 님께서 상담에 한 번만 성공하면 맥을 잡을 수 있다며 강의 신도와 별개로 개인 전화 코칭을 해주신 적이 있어요.

한 번은 당장 내일 상담이 잡혀 1억치트키 님께서 급하게 전화 멘트를 알려주신 적이 있었어요. 듣기에는 쉬울지 몰라도 많은 분석과 눈물이 담긴 멘트였음을 알 수 있었어요. 1억치트키 님께서는 첫술에 배부를 수 없으니 그냥 한 번 해본다는 생각으로 편하게 상담하라며 제 마음까지 편하게 해주셨지요.

그런데 웬걸, 상담에 이어 결제까지 한 번에 이루어져 되려 제가 1억치트키 님에게 감사 인사를 전했어요. 1억치트키 님께서도 놀라시며 예전에 다른 수강생에게도 이 전화 멘트를 알려준 적이 있는데, 그때는 하루에 8시간씩 연습했는데도 3주나 지나서야 상담 후 결제를 받았는데 저는 바로 해냈다며 함께 기뻐해주셨어요.

저는 1억치트키 님의 전화 코칭 내용을 녹음해 온종일 듣고 따라 한 것뿐인데 제가 집중력이 좋기도 했고 운도 따라 준 덕분인지 한 번에 상담 후 결제까지 이루어져서 저 역시 정말 기뻤어요. 이러한 근성과 경험 덕에 1억치트키 님 강의를 수강한 지 1개월 만에 2.5배가 넘는 매출을 달성하고, 클래스101 강의도 진행할 수 있게 된 것 같아요.

Part 4.

팔리는 온라인
강의는 기획부터
다르다

잘 만든 주제 하나가
시행착오를 줄여준다

자기 수업에서 조는 강사가 있을까? 계속 말을 해야 하는 강사가 자기 수업 시간에 졸다니, 누가 그럴까 싶지만 그 강사가 바로 나였다.

예전에 학원에서 강의하는데 너무 졸음이 쏟아져 정신을 제대로 차리지 못했던 날이 있었다. 게다가 앞에 앉아 있는 수강생들은 초급반 학생들이라 롤플레이가 너무나도 단조로웠다. 진짜 안될 것 같아서 수강생들끼리 발음 연습하는 시간을 주고 책으로 얼굴을 가리고 잠시 졸았다. 근데 마침 한 학생이 조는 나를 발견했고 선생님이 잔다고 큰소리로 외친 것이다. 그때 아닌 척하느라 진땀 좀 뺐다.

당시 나는 초급반 회화 수업을 하고 있었다. 초급반은 할 수 있는 말이 많지 않기에 단순한 말을 계속 반복하면서 표현을 입에 익게 해야 했다. 나는 책을 읽듯 하는 건 재미없어서 같은 표현도 다양한 상황과 관계 등으로 설정해서 연기하는 방식으로 수업을 진행했다. 여기에 수강생들의 상상력이 더해지면 예상 못 한 코미디 같은 상황이 많이 나왔다.

하지만 수업을 아무리 재밌게 하고 풍부한 감정 표현으로 몰입감 있게 해도 그들이 쓰는 표현이 쉬운 건 어쩔 수 없었다. 불과 얼마 전에 세계 중국어 대회에서 상을 받았는데 지금은 초급반 회화를 가르치려니 너무 지루했다.

그리고 그 당시 또 다른 문제가 있었다. 내가 한참 배울 때는 전공도 똑바로 못하면 사람 구실이나 할 수 있을까 싶어 전력을 다해 배웠지만, 이제는 배우고 싶은 마음과 관심이 없는데도 밥벌이를 위해 강의하려니 고역이었다. 25살에 벌써 뒷방 늙은이가 된 것 같았다. 앞으로 남은 인생을 젊은 날에 잠시 몰입해서 얻게 된 기술 하나를 우려먹으며 살아야 하나 싶어 답답했었다.

그래서 생각한 방법이 초급반에서 회화를 가르치는 게 아니라 시험 대비 반을 가르치는 것이었다. 그럼 시험 유형이나 경향 등을 분석하고 공부해야 하니 훨씬 재밌게 가르칠 수 있을 것 같았다.

실제로도 한동안 즐겁게 했고 성과도 잘 냈다. 하지만 그것도 근본적인 해결 방법이 아니었다. 과목이 바뀌었을 뿐 역시나 내가 더 알고 싶은 내용이 아니었다.

이러한 경험이 있기에 강의 주제를 정할 때 단순하게 잘하는 것, 성과를 낸 것에서 선택하는 것을 경계한다. 강의하는 강사가 행복해야 강의도 생명력을 가진다.

그런데 더는 자신이 발전한다는 느낌 없이 할 줄 아는 게 이것뿐이니 어쩔 수 없이 반복한다는 생각이 들면 어떨까? 그럼 그저 돈만 벌기 위해 일하는 것과 다르지 않다. 강사는 노조도 없고 여러 가지로 취약한 프리랜서인데 일하면서 행복하지조차 않다면 못할 것 같다.

안타깝게도 나는 이것을 꽤 오랫동안 깨닫지 못하고 그저 열심히만 했다. 그러면서 뭐가 문제인지 몰라 늘 답답해했다. 화상 영어를 하게 되었을 때도, 어학연수에 관해 가르쳤을 때도 그저 '성과 낸 것을 가르친다'라는 단순한 방식으로 강의 주제를 결정했었다.

그 결과 시간이 갈수록 강의에 대한 애정이 줄어들어 늘 새로운 주제를 찾느라 방황하곤 했다. 지금부터 수년간 시행착오를 겪고 방황하면서 찾은, '강사도 행복하고 수강생에게도 도움이 되는 강의 주제 찾는 방법'을 알려드릴 테니 집중해서 읽어주시면 좋겠다.

단순하게 느낌이 오는 것 혹은 하고 싶은 것을 하는 게 아니라 8가지나 되는 질문에 답을 해야 하는 이유는 간단하다. 다각도의 질문을 통해 공동으로 보이는 흐름을 찾기 위한이고, 나의 사례처럼 제대로 된 주제를 정하지 못해 몇 년간 정체성의 혼란을 겪고 방황하는 시간을 줄이기 위해서이다.

그러니 강의 주제를 정할 때는 다음 페이지(p.91)에 있는 모든 〈기초 질문〉을 하나도 빠짐없이 꼭 해주시길 바란다. 이렇게만 말씀드리면 어려우실 수 있으니 가상의 직장인이 강의 주제를 잡아가는 과정을 예시로 들며 설명하겠다.

<기초 질문>

Q1. 살면서 성과를 낸 일은 무엇인가?

Q2. 나는 어떤 쪽에 관심이 많은가?

Q3. 가장 잘 알고, 잘하는 것은 무엇인가?

Q4. 역경을 극복한 경험은 어떤 게 있을까?

Q5. 사람들에게 도움을 주고 싶은 분야는 무엇인가?

Q6. 다른 사람에게 영감이나 교훈을 줄 만한 경험이 있는가?

Q7. 내가 온종일 이야기할 수 있는 주제는 무엇인가?

Q8. 위 7가지 질문의 답에서 찾을 수 있는 키워드는 무엇인가?

Q1. 살면서 성과를 낸 일은 무엇인가?

A1. 대학생 PPT 제작 대회에서 1등 하여 상금 1,000만 원 받은 것

A2. 직장에서 PPT 장인이라는 소리를 들은 것

A3. PPT 대행으로 투잡하여 돈을 버는 것

Q2. 나는 어떤 쪽에 관심이 많은가?

A1. 프레젠테이션

A2. 설득하기

A3. PPT 빨리 만들기

A4. 돈 벌기

Q3. 가장 잘 알고, 잘하는 것은 무엇인가?

A1. PPT 빨리 만들기

Q4. 역경을 극복한 경험은 어떤 게 있을까?

A1. 조악한 종이 유인물처럼 PPT를 복잡하게 만들어 사람들이 제대로 보지도 않았음

→ 사람들이 보기 쉽고 잘 읽히도록 계속 노력하다 보니 PPT 장인 소리를 들은 것

A2. PPT를 못 할 때는 3개월간 야근 → 그 덕분에 PPT 제작을 상당히 빨리 잘하게 됨

Q5. 사람들에게 도움을 주고 싶은 분야는 무엇인가?

A1. PPT 잘 만들기

Q6. 다른 사람에게 영감이나 교훈을 줄 만한 경험이 있는가?

A1. 4년간 수많은 PPT 공모전에 도전, 숱한 실패 끝에 결국 수상, 상금으로 1,000만 원 획득

Q7. 내가 온종일 이야기할 수 있는 주제는 무엇인가?

A1. PPT 빨리 잘 만드는 법

A2. PPT로 돈 버는 법

Q8. 위 8가지 질문의 답에서 찾을 수 있는 키워드는 무엇인가?

A1. PPT

A2. 빨리

A3. 돈

8가지 질문에 관한 답을 작성한 후 그 내용에서 목표와 수단을 분리한다면 조금 더 명확하게 내가 어떤 걸 생각하고 원하는지 알아낼 수 있다. 방법은 간단하다. 자신이 '더 알고 싶은 것' '되고 싶은 것'에 해

당히는 것들은 목표로 분류하고, '~로' '~으로' 능 방법에 해당하는 것들은 수단으로 분류하면 된다.

앞서 PPT 잘하는 직장인이 쓴 키워드를 위의 〈중간 질문〉인 '목표'와 '수단'으로 분류하면 목표는 '빨리 잘하는 법' '돈 버는 법'이 된다. 그리고 이 목표를 이루기 위한 수단은 'PPT'가 된다. 이를 '목표+수단' 형식으로 조합하면 아래와 같은 답이 나온다.

- PPT 빨리 잘하는 법
- PPT로 돈 버는 법

보여드리기 위해 간단하게 만들었지만, 여기서 목표와 수단에 해당하는 것이 하나씩만 늘어나도 고려할 게 훨씬 많아진다. 그러면 답변 내용을 보고 현실성이 있는지, 트렌드에 맞는지, 내가 할 수 있는지 가능성을 따져보고 지울 것은 지워야 한다.

여기까지 되었다면 이제 적은 내용을 한 번 더 체크해야 한다. 이건 시험 답안지 제출하기 전에 최종 검토하는 느낌이라고 생각하면 되는데, 중요도로는 별 5개짜리다. 이때는 다음 페이지(p.94)에 있는 〈더블 체크 질문〉 4가지를 해야 한다.

질문에 답을 할 때는 '어떤 특정 방향으로 해야지' 하면서 생각을 몰고 가는 게 아니라 뭐든 가능하다는 마음으로 쭉쭉 쓰는 게 중요하다. 생각에 한계를 두고 '내 전공은 이것이니까 이것만 할 거야' 같은 마음으로 하면 충분히 큰 가능성을 고려할 수 없게 된다.

이 질문을 하는 이유는 한쪽에 치우치지 않기 위해서가 크다. 강사도 이롭고 고객도 이로워야 서로 즐겁게 할 수 있다. 근데 강사는 좋을 게 없고 고객만 좋으면 점점 내 것을 빼앗기며 고갈되는 느낌을 받을 수 있다. 또 반대로 고객은 이득이 없는데 강사만 이득이면 사기나 다름없으니 이 질문은 꼭 해야 한다.

그리고 10년 동안 일로 해도 질리지 않을 수 있는지를 묻는 이유는 시작할 때는 설레고, 잘할 수 있을 것 같고, 새롭고 좋던 것도 10년이나, 그것도 일로 한다면 이야기가 완전히 달라지기 때문이다.

예를 들면, 나는 우리 아들이 좋다. 그래서 우리 아들 또래의 아기들을 보면 절로 미소가 지어지고, 말 걸고 싶고, 손에 과자 하나라도 쥐여주고 싶다. 아기들이 좋은 것이다. 그렇지만 아들 또래의 아기들을 온종일 돌보아야 하는 것을 일로 하라고 하면 나는 못 할 것 같다.

그래서 10년 동안 일로 해도 질리지 않고, 놀이처럼 즐길 수 있는 일이어야 한다. 앞선 사례를 다시 〈더블 체크 질문〉 4가지에 맞추어 점검해보면 다음과 같다.

Q1. 나에게도, 고객에게도 모두 이로운가?

A1. PPT 빨리 잘하는 법은 고객은 이롭지만, 나는 이미 빨라서 특별히 이점은 없다

A2. PPT로 돈 버는 법은 나에게도, 고객에게도 이롭다

Q2. 일로 '10년 동안' 해도 질리지 않을 수 있는 주제는 무엇인가?

A1. 돈 버는 법

Q3. 놀이처럼 즐기며 할 수 있는 일은 무엇인가?

A1. 돈 벌기

Q4. 내가 더 알고 싶은 것은 무엇인가?

A1. 돈 버는 방법

이렇게 더블 체크를 해보니 'PPT로 돈 벌기'라는 주제가 더욱더 명확해졌다. 역시 편의를 위해 간단하게 만든 것으로 앞서 말씀드린 것처럼 목표와 수단에 해당하는 것이 하나씩만 늘어나도 생각해야 할 경우의 수가 늘어난다. 그래서 이러한 〈기초 질문〉 〈중간 질문〉 〈더블 체크 질문〉의 과정을 모두 거치면서 '업'으로 삼고 싶은 주제를 찾아내야 한다.

보통 지식 창업하는 분들이 고객의 사업 아이템 선정을 할 때나 강의 주제 정해주실 때 잘하는 거나 자기가 성과 낸 걸 가지고 시작하라고 한다. 당장은 좋다. 하지만 이런 방식의 가장 큰 문제는 어느 시점이 되면 지속 가능성에 대한 의문이 든다는 것이다. 그래서 이렇게 3단계 질문을 통해 뭔가 하나라도 애매하거나 의심스러운 부분이 있다면, 시간에 쫓기거나 돈 벌 욕심에 그냥 진행하지 말고 다시 한번 생각해봐야 한다.

왜냐하면, 온라인 강의는 강사가 주인이 되어 해야 하는 일인데 별로 궁금하지도 않은 내용을 사람들에게 가르친다면 너무 힘들어질 수 있기 때문이다. 강사라고 해서 강의만 하는 게 아니다. SNS에 포스팅도 계속 올려야 하는데 내가 하고 싶은 것도 아니고, 알고 싶은 내용도 아니라면 지속해서 글을 쓰고 연구하기가 쉽지 않다. 그럼 고객들이 왔다 가도 최신 글도 없고 썰렁하니 나갈 것이다.

거기서 끝나지 않는다. 어느 정도 성공하게 되면 경쟁자, 악플러, 직원 등이 속을 썩이는 일들이 생긴다. 그럴 때 자신이 하는 강의에 애정이 없으면 바로 포기하기가 쉽다. '에이 이거 해서 뭐하냐, 됐다, 귀찮다' 하면서 놓는 것이다. 그러면 또 다른 강의 주제를 찾아야 하는 강사도 고생이고, 나를 믿고 강의를 듣는 수강생들도 피해를 보게 되는 것이다.

나는 이 기획 부분이 모든 단계를 통틀어 가장 어렵다고 생각한다. 나 역시 이게 잘되지 않아서 30살이 될 때까지 월 수입 30만 원 정도를 벌면서 살았다. 그러니 이 부분이 쉽게 되지 않는다고 우울해하거나 스트레스 받지 않으시면 좋겠다.

그러니 한 번에 안 된다고 좌절하지 마시고, 여러 차례 해보시길 권해드린다. 그렇게 여러 번 했는데도 답이 보이지 않고, 머리가 복잡해서 의욕이 없어질 정도라면 '1억치트키 컨설팅'을 활용하셔도 좋다.

누구에게
가르칠 것인가?

예전에 화상영어 사업을 할 때 모두를 대상으로 했던 적이 있다. 고생은 엄청나게 했지만 돈은 거의 벌지 못했다. 그러다 '어학연수를 빨리 잘하고 싶은 사람들'로 고객을 한정하자 사람들은 내 의견을 듣기 위해 찾아왔고, 적게 일하고 훨씬 더 많이 벌 수 있었다.

하지만 여기서도 미처 생각하지 못한 점이 있었다. 바로 정확한 타겟이었다. 어학연수를 빨리 잘하고 싶은 사람은 대학생만 있는 게 아닌데 나는 대학생만 대상으로 했었다.

그들은 돈이 없어 수강 등록이 어려웠고, 등록해도 부모님과 의견이 맞지 않아 수강료 환급을 요청하는 일이 꽤 있었다. 이렇게는 사업을 지속하기가 어려울 수밖에 없다.

지금부터 몇 년간 몸으로 겪으며 배운 '내 온라인 강의에 딱 맞는 고객 결정하는 방법'에 관해 말씀드릴 테니 반드시 따라서 해보시면 좋겠다.

　온라인 강의를 하기 전에, 우리는 내 강의를 들을 고객이 누구인지 정해야 한다. 그래야 그들의 니즈를 정확하게 파악하고, 그에 딱 맞는 강의를 만들어 빠르게 성장하고 두터운 팬층을 확보할 수 있게 된다. 그리고 이렇게 되어야 강의를 오래 할 수 있고, 시간이 갈수록 사람들은 나를 전문가로 보게 된다. 아래 질문에 하나씩 답을 하며 고객을 좁혀가자.

Q1. 내가 만든 강의가 필요한 사람은 누구인가?

Q2. 내가 도움을 주고 싶은 사람은 누구인가?

Q3. 이 강의로 내가 충분히 먹고살 만큼의 시장이 형성되어 있는가?

Q4. Q1.과 Q2.에서 대답한 사람들이 강의료를 지급할 능력과 의사가 있는가?

　앞서 PPT 강의를 하려는 강사가 고객을 찾는다고 가정하고, 아래 질문에 하나씩 답변을 해보겠다.

Q1. 내가 만든 강의가 필요한 사람은 누구인가?

　A1. 대학생

　A2. 일 잘하고 싶은 직장인

　A3. 예비 창업자

Q2. 내가 도움을 주고 싶은 사람은 누구인가?

A1. PPT가 발목 잡는다고 느끼는 사람

A2. 돈을 더 벌고 싶은 사람

Q3. 이 강의로 내가 충분히 먹고살 만큼의 시장이 형성되어 있는가?

A1. 대학생들은 공모전을 많이 한다

A2. 예비 창업자들은 PPT로 창업계획서를 만들어야 투자를 받을 수 있다

A3. 회사에서 능력을 인정받고 싶은 직장인들에게 PPT는 필수이다

Q4. Q1.과 Q2.에서 대답한 사람들이 강의료를 지급할 능력과 의사가 있는가?

A1. 대학생은 수강료 지불 능력이 별로 없다

A2. 예비 창업자들도 마찬가지다

A3. 직장인은 지불 능력과 의사가 있고, 회사에서 지원해주는 경우도 있다

이렇게 4가지 질문을 하니 누구를 대상으로 강의할 지가 명확히 보인다. 바로 직장인이다. 이 질문 중에 특히 4번 질문이 정말 중요하다. 왜냐하면, 보통 내 도움이 필요한 사람이나 내가 도와주고 싶은 사람을 생각하고 덥석 가르치기가 쉬운데, 그들의 지불 능력과 의사를 고려하지 않으면 지속이 어려울 수 있다.

지불 능력이 없는 집단을 선택하면, 내가 아무리 좋은 마음으로 시작을 했어도 수강생 한 명 등록받기가 어렵다. 그렇게는 아무래도 강의를 지속하기가 어려울 수밖에 없다. 그래서 이 4가지 질문을 반드시 해야 한다고 강조하는 것이다.

물론 무조건 이대로 해야 한다는 건 아니다. 지불 능력이 없는 집단이라도 꼭 돕고 싶다면 그렇게 하시면 된다. 다만 그로 인해 지속 가능성에서 어려움이 있을 수 있다는 점은 꼭 기억하시고, 이를 해결할 대안을 미리 마련하고 시작하시면 좋겠다.

당신을 괴롭히는
그 문제가 뭐예요?

주제와 고객을 정했다면 이제는 그들이 바라는 것, 즉 그들의 문제가 무엇인지 구체적으로 알아야 한다. 왜? 그걸 알아야 고객에게 딱 맞는 강의를 할 수 있다.

앞서 우리는 사람들에게 PPT를 가르쳐 돈을 벌고 싶은 가상의 인물이 '직장인'을 대상으로 'PPT로 돈 버는 법'을 알려주는 강의를 하는 것으로 윤곽을 잡아보았다.

그렇다고 돈 벌고 싶은 직장인들이 바로 몰려올까? 그렇지 않다. 그들의 눈을 사로잡을 뾰족한 무기가 필요하다. 그게 바로 그들이 가진 문제를 건드리는 것이다. 그럼 그들의 문제는 어떻게 파악할 수 있을까? 방법은 다음과 같다.

1. 내 고객이 검색할 만한 키워드를 검색해서 인플루언서들이 쓴 글, 광고 문구를 본다. 그걸 살펴보면 그들이 관심을 가지고 있는 것, 하기 싫은 것 등을 알 수 있다. 그 문구 중 끌리는 걸 수집한다.

2. 그들이 검색하는 단어를 살펴본다. 검색창에 키워드를 치면 연관 검색어로 나오는 것들을 볼 수 있고, 네이버 키워드 도구 혹은 키워드 툴 사이트(keywordtool.io)에 가서 그들이 검색하는 걸 봐도 된다. 그것은 곧 그들의 삶, 생각을 반영한다. 그것도 수집한다.

3. 지식인을 포함해서 관련 커뮤니티 사이트, 네이버 카페 등 내 고객들이 모일 만한 곳에서 고민 게시판 등을 살펴보면 그들의 공통된 고민을 알 수 있다. 그것도 수집한다. 그것이 우리가 다뤄야 하는 강의 주제이다.

4. 클래스101을 비롯한 여러 온라인 강의 플랫폼에서 내 분야에서 잘 팔리는 강의들의 문구를 살펴본다. 그걸 보면 사람들이 어떤 것을 원하는지, 어떤 것이 좀 비싸도 잘 팔리는지 그리고 그들이 이루고 싶은 게 뭔지를 알 수 있다.

예를 들어, PPT에 대해 강의를 한다면 'PPT' 'PPT 강의' '파워포인트' 등 관련된 키워드로 다양한 포털에서 검색해 끌리는 문장을 최대한 많이 수집해보는 것이다.

깔끔한 무료 PPT 템플릿을 파워포인트 없이 만들어보자

이때, 망고보드의 깔끔한 무료 PPT 템플릿을 참고하거나 이용하면 완성도를 높이는데 많은 도움이 됩니다. 망고보드는 유료일 때 모든 서비스를 제약 없이 사용할 수 있습니다. 하지만, 깔끔한 PPT 템플릿 이외에도 무료...

#깔끔한무료PPT템플릿   #망고보드   #파워포인트

● Cwon's Life 인플루언서 2021.05.15.

깔끔한 무료 ppt 템플릿 디자인 자유롭게 선택해서 적용해보니

 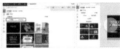

직장인이나 학생 모두 파워포인트를 사용하는 입장이라면 항상 깔끔한 무료 ppt 템플릿을 찾는 게 일입니다...
오늘은 망고보드에서 사용해본 다양한 ppt 템플릿을 살펴봤습니다. 먼저 템플릿을 정할 때 결정해야 할...

#깔끔한무료ppt템플릿   #깔끔한ppt템플릿   #망고보드   #ppt템플릿

● 짜루의 이것저것 리뷰 인플루언서 2021.05.16.

세련된 파워포인트 PPT 템플릿 고민 끝!

효과적인 발표를 위해 세련된 파워포인트 PPT 템플릿을 찾는 분이 많을 것이다. 사실 껍데기보다는 알맹이... 재테크, 환경, 트렌드, 여행, 교육 등 다양한 콘셉트의 PP...

#파워포인트템플릿   #PPT템플릿

PDF PPT 변환 이젠 어도비 아크로뱃에서 무료로!(#PDFPPT변환 #PDFPPT변환...
깔끔한 무료 ppt 템플릿 온라인에서 손쉽게 활용하는 방법(#무료ppt템플릿)

귀찮은 PPT(파워포인트) 설정 딱 10분만 투자하세요!

보통 교수님이 과제를 레포트를 내주는 경우도 많지만 PPT 발표과제를 주실때도 있을거예요. 그런데 여러분 PPT는 기본적으로 세팅이 안되어 있으면 여러분에게 ...

#대학   #대학교   #충청북도   #충북보건과학대학교   #취업   #취업률1위

● 새별의파워포인트 2021.05.09.

[무료 PPT 템플릿] 코로나19 바이러스 의료 관련 PPT 템플릿 (새...

[무료 PPT 템플릿] 코로나19 바이러스의료 관련 PPT 템플릿 (새별 ppt)by. 새별의파워포인트안녕하세요. 새별입니다.이번에는 의료, 코로나 바이러스 관련 ppt ...

#코로나19피피티   #코로나피피티   #코로나ppt   #의료ppt템플릿   #새별ppt

🐧 주리오의 껨잇이야기 인플루언서 2021.04.19.

깔끔한 무료 ppt 템플릿, 미리캔버스에서 다운 받았어요~

무료 ppt 템플릿을 검색해봤지만, 대부분으로 유료 결제를 해야 다운 받을 수 있더라고요. 그렇게 계속 찾아보다가 알게 된 바로 미리캔버스였습니다. 여기서는 ...

#무료ppt템플릿   #깔끔한ppt템플릿   #미리캔버스

다양한 포털에서 'PPT'를 검색한 결과

위의 수집한 이미지(pp.104~105)에서 보면 '깔끔한' '무료 PPT 템
플릿' '세련된' '10분만 투자' '신뢰감을 주는 PPT'라는 말들이 눈에
띈다. 광고나 인플루언서들이 제목을 그냥 쓰는 게 아니다.

이분들은 얼마나 많은 사람이 본인 글을 보느냐가 수익으로 이어
지기에 PPT를 잘하고 싶은 사람들의 고민이나 바라는 바를 반영해서
쓸 수밖에 없다. 그래서 이런 문구들을 보면 고객들의 문제가 무엇인
지, 어떻게 되길 바라는지 힌트를 얻을 수 있다.

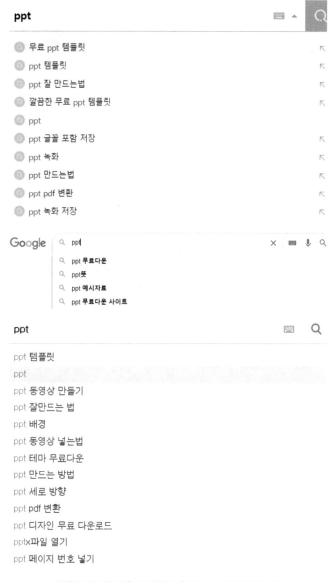

다양한 포털에 'PPT'를 검색하면 함께 뜨는 연관검색어 결과

그리고 검색창에 연관검색어로 뜨는 단어로는 어떤 게 있는지도 살펴본다. 많은 사람이 검색한 단어가 연관검색어로 뜨기 때문에 사람들이 어떤 니즈가 있는지 볼 수 있는 재료가 된다.

여기서는 '무료 PPT 템플릿' 'PPT 템플릿' 'PPT 글꼴' 'PPT 무료 다운' 'PPT 예시 자료' 'PPT 배경' 'PPT 동영상 삽입' 'PPT 테마 무료 다운' 'PPT 디자인 무료 다운' 등이 눈에 띈다.

이걸 보면 사람들이 쉽게 바꿔서 쓸 수 있는 무료 자료를 많이 찾는다는 걸 알 수 있으니 강의를 수강하는 분에게는 상황별 맞춤 무료 양식 100개를 드린다고 할 수도 있을 것이다.

그리고 지식인이나 관련 온라인 카페에 가서 살펴보면 사람들이 어떤 고민을 하는지 볼 수 있다. 지식인에 'PPT'를 입력한 사람들은 어떤 문제가 있나 보니까 요즘은 서류 전형에 자기소개 PPT가 들어 있어 고민된다는 글들이 보였다. 내 고객이 취준생이라면 이런 내용에 포커스를 맞추는 것도 좋겠다.

또한 온라인 강의 플랫폼에는 어떤 강의들이 있는지 살펴보고 어떤 강의가 팔리는지 살펴보면 사람들이 원하는 바를 캐치하는 데 도움이 된다.

[🏆BEST특가] PPT 디자인 부업으로 월 300만 원 벌기

🩷 3385 👍 100%

~~281,900원~~ 29%

월 39,860원 (5개월)

선물하기   바로 수강 가능

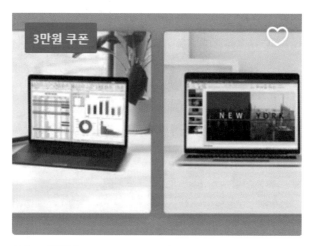

PPT · 클래스101

[♥1+1] 칼퇴를 부르는 지름길, PPT부터 엑셀 까지!

♥ 313

~~378,000원~~ 44%

월 17,520원 (12개월)

선물하기   바로 수강 가능

다양한 포털에서 'PPT'를 검색했을 때 눈에 띄는 문구 결과

강의 플랫폼에서 눈에 띄는 문구를 살펴보니 '돈을 벌 수 있다' '칼퇴를 부른다' '당장 실무에 쓸 수 있다' 등의 내용(pp.108~109)이 보인다. 이런 식으로 클릭하고 싶은 문장들을 수집하고 쭉 살펴보면 몇 가지 특징과 공통점이 보인다. 그러면 '이 사람들은 이런 문제가 있고, 이것을 해결하고 싶구나' 하고 가설을 세워볼 수 있다.

그것을 토대로 강의 제목을 만들고, 커리큘럼을 구성해볼 수 있다. 그 과정이 끝나면 개인 블로그에서 강의 공지를 하거나, 강의 플랫폼에 그 주제로 강의를 개설하고 수요 조사를 해서 정말 사람들에게 반응이 있는지 살펴볼 수 있다. 반응이 좋으면 그대로 하고 아니면 앞의 과정을 다시 반복하면서 조금씩 수정을 하면 된다.

충분한 시장이 있고,
시대의 흐름에 맞는가?

    어떤 주제를 누구한테 가르칠지 결정되었다면 이제는 시장을 분석해야 한다. 아무리 좋은 주제라고 해도 시장이 하향세이거나 사람들의 관심 밖이라면 존속되기 어렵다. 내가 돈을 번 것 역시 '온라인' '강의' '지식 창업'이라는 뜨고 있는 시장을 잡았기 때문이다. 그래서 시장의 흐름을 살피는 것을 소홀히 하면 안 된다.

    시대 흐름을 파악하는 사람만이 결국 그 흐름을 탈 수 있다. 잘 팔리는 강의를 만들려면 강의 내용만 좋아서는 안 된다. 가능성 있는 시장에서 팔릴 만한 주제로, 돈을 쓸 수 있는 대상을 상대로 훌륭한 강의를 만들고 잘 알려야 잘 팔리는 강의를 할 수 있는 것이다.

    다음 페이지(p.112)에 정리한 표는 내가 시장 분석이 필요할 때 하

1. 나의 키워드를 네이버 키워드 도구에 가서 검색해본다. 월간 검색 수가 얼마나 되는지 보는 건데, 이때 월 조회 수가 몇천 건도 되지 않는다면, 다시 한번 고민을 해보거나 다른 것과 융합할 방법이 있는지 생각해봐야 한다.

2. 내 분야를 비롯한 다양한 사이트에서 뉴스레터를 구독하는 것도 시장과 트렌드를 파악하는 데 도움이 된다. 뉴스레터를 보면서 내가 하려는 게 수익이 날 만큼 비전이 있는지, 요즘 어떤 게 뜨는지 파악하고 균형을 잡는 법을 배울 수 있다.

3. 서점에서도 트렌드를 알 수 있다. 내가 정한 카테고리의 도서를 판매순으로 정렬해서 보면 어떤 것이 요즘 사람들이 좋아하는지 알 수 있다. 또한 내 분야가 아닌 전체 베스트 셀러들의 공통점을 찾아봐도 트렌드의 흐름이 눈에 보일 것이다.

4. SNS에 올라오는 광고도 트렌드를 파악하는 좋은 공부 거리가 될 수 있다. 광고는 사람들이 많은 고민을 해서 만든 것이기 때문에, 이것을 그냥 보고 끝낼 게 아니라 우리에게 유리하게 활용해야 한다. 광고만큼 트렌드를 빨리 반영하는 것도 없다.

5. 좀 더 거시적으로 보고 싶으면 트렌드를 다루는 책이나 유튜브 등을 보는 것도 도움이 된다.

6. 잘나가는 온라인 강의 플랫폼을 살펴보는 것도 좋다. 만약 그곳에 내가 하려는 주제 자체가 없다면 내가 엄청난 선구자일 수도 있지만, 별로 팔릴 만한 아이템이 아닐 수도 있다. 그리고 대부분은 후자인 경우가 많다. 그래서 나랑 비슷한 주제를 다루는 사람들을 살펴봐야 한다.

는 방법들이니 참고하면 좋겠다. 그리고 아래는 최신 트렌드를 알려주는 추천 웹페이지들이니 즐겨찾기 해둔 후 틈틈히 읽어보길 바란다.

- Z세대의 최신 트렌드를 알려주는 캐릿 www.careet.net
- 최신 트렌드 및 마케팅 방법을 알려주는 아이보스 www.i-boss.co.kr
- 최신 트렌드 및 베스트셀러 책을 소개하는 MKYU www.mkyu.co.kr

당신은 경쟁자보다 수강생에게
무엇을 더 줄 수 있는가?

강의 주제도 나왔고, 누구한테 할지도 결정했고, 시장성도 판단했다면 이제 수많은 강의 중 사람들이 왜 내 강의를 선택해야 하는지에 관한 이유를 주어야 한다. 어떻게 해야 할까?

세상에 없던 놀라운 것을 만들어 내면 될까? 이렇게 되면 우리가 다 독식할 수 있어서 너무 좋을 것 같지만 현실은 그렇지 못하다. 왜냐하면, 사람들이 처음 보는 것을 만들면 시장 자체가 형성이 안 되어 있는 경우가 많아서 고객들이 이해를 못 한다.

이게 뭔지 알아야 구매를 하는데 그것조차 되지 않으니 결제는 당연히 못 하게 되는 것이다. 전혀 새로운 것을 만들었다면 사람들을 설득해야 한다. 세미나도 열고, 대면 상담도 하고, 캠페인도 하고,

홍보 영상도 만들어 이해하도록 해야 한다. 이게 무엇인지, 왜 필요한지, 왜 나한테 이걸 들어야 하는지에 관한 설득 과정이 많이 필요하다.

그 과정을 거치고도 결제가 이루어지리라고 장담하기 어렵다. 왜냐하면, 사람들은 남들이 해야 나도 하고 싶어지는 심리가 있기 때문이다. 아무도 실험용 쥐가 되고 싶진 않다.

그리고 내가 완전히 새로운 시장을 개척했다면 물어볼 사람이 별로 없기에 그러한 점도 우리를 지치게 하는 요소가 된다. 맨땅에 헤딩하듯 개척하고 사람들을 설득하느라 힘은 힘대로 들고, 돈도 안 되고 그러면서 어디 물을 곳도 없다니, 생각만 해도 너무 힘들 것 같지 않은가?

이 모든 것을 버틸 수 있을 만큼 충분한 자금력과 시간, 마음의 여유, 의지 등이 있지 않고는 정말 쉽지 않다고 생각한다. 그래서 이 모든 불편함을 다 감수할 준비가 되어 있지 않다면 기존에 있던 것에서 문제점을 찾아서 그 부분을 해결하는 방향으로 가는 게 적합하다.

아무리 훌륭한 것도 문제점과 불편한 점은 다 있기 마련이다. 이렇게 하는 게 좋은 점은 이미 시장이 형성된 곳에서 조금 다르게 하는 거라 사람들을 설득하느라 힘 뺄 필요도 없고, 나보다 앞서 경험했던 선생님들도 많기에 조언을 구하기도 쉽다. 그럼 기존의 것을 약간 다르게 하는 건 어떻게 해야 할까?

1. 고객들의 상황 및 고민과 이를 해결했을 때의 이점, 해결하지 않았을 때의 손해를 쭉 써 본다.
2. 경쟁자가 줄 수 있는 것을 전부 써 본다.
3. 경쟁자는 줄 수 없고 나는 줄 수 있는 것을 가능한 한 많이 써 본다.
4. 이때 고객이 필요로 하는 것의 범주 안에 있어야 한다는 걸 기억해야 한다.

이렇게 정리해보면 경쟁자는 없고 나는 줄 수 있는 것들이 발견될 것이다. 그런 게 많아진다면 나만의 차별점이 점점 뚜렷해질 수 있다. 위의 포인트를 바탕으로 예를 들어, '연봉을 많이 받고 싶은 성인들 대상 영어 강의'를 한다면 이렇게 해볼 수 있다.

아래 표처럼 그들이 처한 상황 및 고민을 적고, 해결하지 않았을 때의 손해, 해결했을 때의 이점을 적어본다.

해결 못 했을 때 손해 (−)	상황 및 고민	해결했을 때 이점 (+)
• 영어 공부에 돈, 시간을 쓰느라 중요한 역량을 강화하지 못한다.	• 영어 실력이 제자리다.	• 영어 공부보다 중요한 역량을 강화할 시간을 확보한다.
• 자신감이 떨어진다.	• 자신감이 부족하다.	• 자신감이 올라간다.
• 입지가 불안해진다.	• 연봉 인상이나 승진 등에서 불리하다.	• 영어를 잘해서 승진 및 연봉 인상에 유리한 기회를 많이 잡을 수 있다.

그리고 경쟁자가 줄 수 있는 것을 적어보는 것이다.

- 3개월 만에 프리토킹이 가능해진다는 약속
- 비즈니스 패턴 300개로 끝내는 영어
- 신뢰를 주는 1,000개의 후기
- 10년의 경력

그런 후에 경쟁자는 없고, 나는 줄 수 있는 것을 정리해본다.

- 필요한 표현만 공부해서 외국인들과 성공적으로 사업한 경험
- 같은 일로 연봉 3배 더 받은 스토리
- 영어가 부족했지만, 현지인보다 많은 월급을 받았던 노하우
- 구직자, 인사담당자, 사장을 두루 거쳐 면접관의 마음을 잘 아는 점
- 수강생 중 억대 연봉자 다수 배출
- 수강생 전원 원하는 기업 합격 및 이직 시 연봉 2배 인상

쭉 적어보고, 다른 강사가 줄 수 없는 부분들을 상세페이지와 커리큘럼에 녹여내 고객에게 어필하는 것이다. 일반 영어 강사는 프리토킹, 비즈니스 패턴 등 영어 자체에 집중했지만 '이 강의는 빠르게 영어 잘해서 연봉을 올리고 싶은 고객들의 마음에 집중한다'라고 알리고 그게 어떤 효과가 있는지도 말해주는 것이다.

〈예시〉

- 2개월 만에 현지인보다, 2배 더 받고 일하게 된 비결
- 연봉을 올리고 싶은 당신, 영어만 잘하면 될까요?
- 원어민처럼 못한다고요? 우리의 역할은 '영어 잘하기'가 아닙니다
- 매년 연봉을 2배씩 올린 노하우, 전부 알려드릴게요
- 연봉 30% 더 받으려면 인사담당자를 알아야 합니다

이렇게 고객의 문제를 해결하는 데 꼭 필요한 것을 알려주면서 경쟁자는 주지 못하지만, 나는 줄 수 있는 것을 제공해야 한다. 그러면 아무리 10년 경력, 1,000개의 후기를 가진 강사가 있더라도 걱정할 게 없다. 이미 나만의 장점과 경험으로 만들어진 강의는 경쟁 자체가 되지 않기 때문이다.

그런데 만약 경험이 별로 없어서 차별화 포인트가 나오지 않을 때는 어떻게 해야 할까? 경쟁자보다 가격을 확 내려도 좋고, 서비스 횟수를 더 많게 하거나 아예 다른 뭔가를 줄 수도 있다.

그도 안 되면 해당 분야의 책을 100권 넘게 읽었다던가, 관련 내용의 전자책 혹은 매뉴얼이나 1대 1 컨설팅을 무료로 제공한다던가, 다른 강의에서는 하지 않는 A/S 서비스를 하는 등 다양한 방법을 통해 차별화할 수 있다.

그리고 의외로 초보라서 혹은 수강생이 많지 않아서 할 수 있는 것들도 분명히 있으니, 미리 좌절하지 말고 어떻게든 차별화 포인트를 만들어야 한다.

남과 차별화되는 부분이 없다면 사람들이 내 온라인 강의를 구매할 이유가 없다. 차별화된 혜택이 많을수록, 고객의 고민에 더 초점을 맞출수록 더 많은 사람이 모일 수밖에 없다. 이 시장에 내 강의가 존재해야 하는 이유, 내 강의를 사람들이 들어야 하는 이유가 무엇인지 끊임없이 생각하고 업그레이드하는 사람만이 결국 끝까지 살아남아 1등의 영광을 가져갈 것이다.

코로나19로 무너졌던
나를 살린 강의, 황지영 님

Q. 온라인 강의를 시작할 수밖에 없었던 때의 심정과 상황이 어떠셨어요?

사업을 시작하고 여러 가지 상황들을 겪으면서 이렇게 사람을 힘들게 하는 시행착오를 강의로 만들어 사업 실패 확률을 줄여주는 강의를 하면 좋겠다고 막연하게 생각했습니다. 그러다 코로나19가 길어지면서 사업들이 전부 어려워지고, 저에겐 자본이 들지 않는 추가 돈벌이가 당장 필요하게 되었습니다.

자본이 들지 않는다는 건 지식 창업 쪽이니 그중 무엇을 팔 수 있을까 찾아보다 '온라인 강의로 월 200만 원 벌기'라는 1억치트키 님의 강의 타이틀을 보고, 강의를 해보고 싶다는 예전의 꿈이 다시 떠올랐고, 상황 극복에 대한 절실함으로 강의를 수강하게 되었습니다. 정말 절실하게 모든 가능성을 열어두고, 만나는 모든 사람에게 "저 강의하고 싶어요! 이런 걸 알려줄 수 있어요!"라며 외치고 다녔어요.

가게가 잘 안 되면서 자신감, 자존감 모든 게 다 바닥이었기에 뭐라도 해서 성과를 내어 잃어버린 자신감과 자존감을 꼭 되찾고 싶었어요. 처음엔 안될 거란 생각이 강했지만, 강의를 듣는 내내 '나도 할 수 있겠다' '가능성이 있다' '나만 열심히 하면 그동안의 경험들이 충분히 강의로 이어질 수 있겠다'라는 생각이 들었고, 틈틈이 도움이 필요할 때마다 따뜻하게 말씀해주시는 1억치트키 님 덕분에 그 절실함이 현실이 되어 가고 있어 하루하루가 벅차오르는 중이랍니다.

Q. 온라인 강의를 하게 되면서 찾아온 삶의 변화가 궁금합니다.

유튜브에 나가 제가 알고 있는 지식과 경험을 전달하고, 그걸 교재로도 만들어 배포도 해봤습니다. 그리고 소상공인 대상 강의를 의뢰받아 진행하기도 했고요. 또한 저의 경험이 필요한 동네 맛집 사장님의 음식을 온라인으로 판매하기 위한 허가 작업과, 사장님의 20년 요식업 경력이 담긴 축약본을 전자책으로 유통할 수 있도록 도움을 드리고 있습니다. 여기에 거래처의 강좌 개설을 위한 커리큘럼을 같이 개발하고 있습니다.

코로나19와 함께 바닥으로 내려앉은 자신감과 자존감이 조금씩 나아지고 있으며, 다른 부분을 차치하더라도 그동안 성공하지 못해 쓸모없는 존재라 여겼던 나의 경험이 다른 누군가에게는 큰 도움이 된다는 게 너무 행복하고 감사합니다.

Q. 온라인 강의가 어떤 의미인가요?

저에게 강의는 '쓸모 있는 존재로의 각인'입니다. 스스로가 괜찮은 사람이라고 생각해본 적이 없었고, 항상 부족하고 모자란 사람이라고 생각했습니다. 그래서 어차피 해도 안 되는 사람이란 생각에 죽자고 노력해본 적도 없었습니다. 살기 위해 우연히 듣게 된 수업으로 1억치트키 님을 만나게 되고, 그게 인연이 되어 좋은 기운을 너무 많이 받아 도전이란 걸 해보게 되었습니다.

그리고 그 도전을 해오면서 도전들이 의미 있는 결과 값이 되어가는 과정을 보니, 내가 지금 무르익어야 할 때니 물러지지 않고 무르익으라고 이 시기에 이런 연이 닿았나보다 하며 강의 그 이상의 삶을 선사 받은 느낌입니다.

Q. 온라인 강의에 도전하려는 분들께 한 말씀 부탁드립니다.

도전하기 전에 저는 대단한 성과를 낸 사람이 아니면 강의는 절대 할 수 없는 영역이라고 생각했습니다. 하지만 그건 잘못된 생각이더군요. '이렇게 해서 대박이 났다'라는 강의 타이틀이 아닌 '이걸 하려면 이런 과정이 필요합니다'라는 강의를 필요로 하는 분도 정말 많고, 그렇게 먼저 경험해본 노하우를 사려는 수요는 엄청 많이 존재하고 있음을 알게 되었습니다.

"Giver의 마음으로 무뇌실행 하세요! 시간의 차이만 있을 뿐, 반드시! 무조건! 됩니다!"

위의 말은 제가 1억치트키 님의 수업을 듣고 난 뒤 항상 외치는 한 마디인데요. 1억치트키 님이 강의 초반에 계속 강조하셨던 부분 중 마인드에 관한 부분이 정말 너무 좋아 몇 번이고 보며 혼자만의 생각을 많이 한 것 같습니다.

삶은 길기에 어떤 변수를 어떻게 맞이할 것인지는 모릅니다. 그렇기에 지금 부족하더라도, 지금은 잘 풀리지 않더라도 역경을 이기고 성공한 사람의 마인드를 받아들인다면 저처럼 절망 앞에서도 희망의 씨앗을 볼 수 있으실 겁니다. 스스로가 기적이 되기 위해 저는 계속 노력할 것입니다.

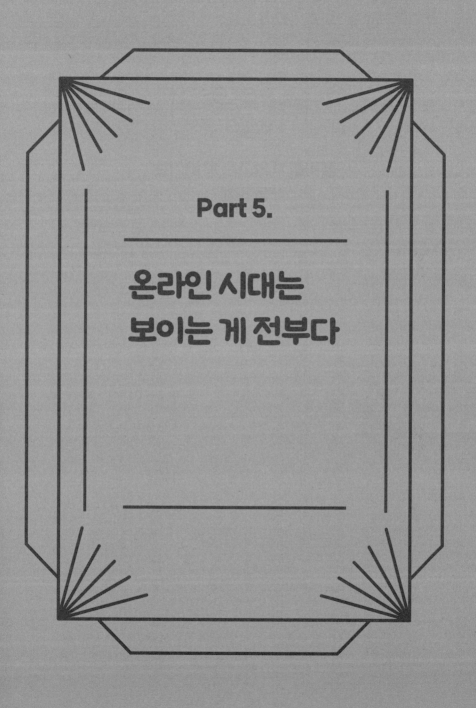

Part 5.

온라인 시대는
보이는 게 전부다

클릭하지 않고는 못 배기는
제목 만들기

내실이 중요할까, 겉 포장이 중요할까? 온라인 강의 시장에서는 둘 다 중요하다. 누르고 싶게 생겨야 눌러보고, 그래야 강의가 좋은지 알 수 있어서 둘 다 중요하다.

제목이 끌리지 않으면 클릭은 일어나지 않는다. 그럼 아무리 우리가 엄청난 강의를 만들었어도 아무도 찾아주지 않는다. 그래서 '끌리는 제목' '클릭하고 싶은 제목' '구매하고 싶은 그 제목'이 정말 중요하다.

그럼 그 멋진 제목은 어떻게 지으면 될까? 간단하다. 고객에 집중하는 것이다. 고객들은 '그래서 내가 당신 강의를 들으면 뭘 얻을 수 있는데?'만 생각한다. 그러니 제목에서부터 그들의 관심을 끌만한 요소를 넣어야 한다. 다음의 방법으로 제목을 지을 수 있으니 아래의 다양한 사례를 보며 함께 감을 잡아보자.

---

① 그들의 고민 혹은 바라는 바 2가지 중 하나를 넣는다.
② 사람들이 보편적으로 가지고 있는 욕망을 자극한다.
  (돈, 시간, 경험, 인기, 권위, 정체성, 후기 입증 등)
③ 누가 내 고객인지 콕 집어 부른다.

• **회사 다니며 집 없이 월세 받는, 자동으로 운영하는** 민박집
  → '회사 다니는 사람'이라고 콕 집어서 나타냈고, '집 없이 월세 받자'고 해서 그들이 바라는 바를 나타냈다. 그리고 '자동으로 운영한다'는 말에서 힘을 덜 쓰고 싶어하는 욕망이 나왔고, '월세'에서 돈에 대한 욕망이 나왔다

• **월급으로 만족하지 못하는 분들을 위한** 온라인 강의 입문
  → 누가 대상인지 콕 집어 '현재 받는 월급에 불만이 있는 사람들'이 한 번 더 쳐다보도록 만들었다

• **20년 차 탑 셀러에게 배우는** 해외판 쿠팡
  → '20년 차'라는 말에서 권위를 나타내고, '탑 셀러'라는 말에서 돈을 잘 벌고 싶은 사람들의 욕망을 건드렸다

• **평범한 사람도 월 100만 원 버는** 양말 디자인
  → '평범한 사람'이라고 특정해서 누가 대상인지 나타냈고, '월 100만 원'이라는 구체적 액수를 명시해서 '돈을 더 벌고 싶은 사람들'의 마음을 자극했다

- **마음 먹은 대로 진짜 해내는 행동심리학 익히기**
  → '마음 먹은 대로 진짜 하길 바라는 사람들'을 콕 집어서 나타냈고, 그들이 바라는 바를 적어주었다

- **자동으로 월 50만 원 버는 프로그램 만들기**
  → '자동'에서 시간을 안 쓰고 싶어 하는 사람들의 마음과 '월 50만 원'이라는 말에서 돈을 벌고 싶은 욕망을 건드렸다

여기서 중요한 팁을 드리겠다. 홈페이지나 블로그, 카페 등 나만의 채널에서 온라인 강의를 판매한다면 명확하게 누구를 대상으로 하는 강의인지 콕 집어주는 게 좋다. 그리고 그들의 고민이나 바라는 바에 맞춰 제목을 정하면 더 좋다.

왜냐하면, 내 채널에 온 분들은 이미 어느 정도 니즈를 가지고 온 분들이기에 딱 맞게 찾아 왔음을 알려줄 필요가 있다. 여기가 바로 당신의 문제를 해결할 곳이라는 걸 명확하게 보여주어야 한다.

반대로 온라인 강의 플랫폼에는 딱 내 강의를 들으러 오는 게 아니라 불특정 다수가 모인다. 그리고 대다수는 강의 시장 자체가 초기라 입문자나 초보자이다. 그래서 온라인 강의 플랫폼에서는 '평범한' '보통 사람' '왕초보' 같은 표현을 많이 쓰고, 누구나 쉽게 할 수 있다는 점을 강조하면 좋다.

사람들은 어떤
강의 썸네일을 클릭할까?

썸네일은 제목만큼 중요하다. 하지만 '나는 미적 감각이 없다. 그래서 썸네일 이미지를 새롭게 창조하는 건 못하겠다' 하는 사람이 있다면 지금부터 알려주는 방법을 따라해보길 바란다.

먼저 온라인 강의 플랫폼에 들어가 인기순, 판매순으로 강의를 정렬한 후 그 플랫폼이 선호하는 분위기를 먼저 파악한다. 그리고 해당 플랫폼 템플릿에 맞추어 썸네일을 제작한다. 왜냐하면, 플랫폼 별로 수강생의 나이, 직업 등이 조금씩 달라서 분위기에 맞추지 않으면 혼자만 겉돌 수 있기 때문이다.

그리고 내 눈에 띈 괜찮은 썸네일들을 수집해 분석해본다. 그러면 자신이 어떤 기준으로 강의를 선택하는지 알 수 있다. 예를 들어, 나

의 경우 강의를 고를 때 한눈에 뭘 말하는지 알 수 있고 나에게 도움
이 되는 강의를 클릭한다. 그리고 추가로 외모가 멋있거나(가끔 연예
인 같은 외모의 분들을 보면 궁금해진다), 밝은 표정, 신뢰가 느껴지는 것
같은 강의를 고른다.

즉 내게 확실히 도움이 됨을 제대로 알아볼 수 있게 표현되었는지
가 중요한 것이다. 거기에 신뢰감 가는 외모가 있으면 더욱더 기대감
을 느끼고 썸네일을 클릭하게 된다.

대부분 사람도 나랑 다르지 않을 것이다. 그럼 우리도 여기에 맞추
어 썸네일을 만들면 된다. 이때 가장 중요하게 고려해야 할 점은 '이
득 제시' '가독성' '신뢰성' 이 3가지이다.

즉 색상은 3가지 이상 쓰지 말고, 이득을 나타내는 문구가 가장 잘
보이도록 글자 수를 적게 쓰며, 신뢰감을 줄 수 있는 웃는 얼굴 등을
함께 넣어 썸네일을 만드는 것이다. 내가 생각하는 최악의 강의 썸네
일은 다음과 같은 것들이다.

① 어두운 배경에서 찍은 인물 사진을 사용한 것
② 어두운 표정으로 찍은 인물 사진을 사용한 것
③ 만들어야 하니까 어쩔 수 없이 만든 듯한 무성의한 느낌이 드는 것
④ 한 공간에 너무 많은 글씨와 그림을 넣은 것
⑤ 가독성이 떨어지는 서체를 사용한 것
⑥ 이미지가 깨져 보일 만큼 나쁜 화질인 것
⑦ 홈웨어로 입을 만한 옷을 입고 찍은 사진을 사용한 것

⑧ 셀카 느낌으로 찍은 사진을 사용한 것

⑨ 집에서 대충 준비해 찍은 사진을 사용한 것

⑩ 만취한 듯한 모습이 담긴 사진을 사용한 것

⑪ 모자이크 처리된 사진을 사용한 것

⑫ 강의하는 사람이 누군지 모를 단체 사진을 사용한 것

위와 같이 만들어진 썸네일은 절대 눌러보고 싶지 않다. 강의 역시 성의 없는 썸네일처럼 성의 없게 할 것 같기 때문이다. 돈과 시간을 쓰면서 강의를 듣는다는 건 그냥 돈 낭비를 하고 싶어서가 아니라 나를 조금 더 발전하게 하고 싶기 위해서다.

그럼 나의 발전을 도와줄 수 있을 것 같은 전문가에게 배우고 싶지 심각하고, 어둡고, 날라리 같은 사람에게 배우고 싶지 않다. 그러니 이런 부정적인 이미지들만큼은 사용하지 않으시길 바란다.

썸네일,
어떻게 만들까?

앞서 썸네일을 만들 때 온라인 강의 플랫폼에서 판매가 잘되고 인기가 높은 강의를 검색한 후 그곳의 공통된 분위기에 맞추어 썸네일을 만든다고 했다. 현재 내가 강의하는 온라인 플랫폼 '클래스101'을 기준으로 예를 들어보겠다. 이곳의 분위기에 맞추면서 사람들의 눈에 띄게 하려면 어떻게 할까 고민하다 다음과 같이 만들었다.

이런 식으로 썸네일을 만들려면 어떻게 해야 할까? 먼저 깔끔하고 좋은 퀄리티의 프로필 사진을 찍어야 한다. 이왕이면 전문 스튜디오에 가서 메이크업도 받아 제대로 찍으시길 추천한다. 평균 10~30만 원 정도 드는데 이 돈이 아까워 집에서 찍으면 이렇게 나온다.

나도 처음에는 돈이 아까워 집에서 찍었다. 근데 시간만 가고 효과도 없었다. 그래서 고민할 시간에 그냥 찍자 싶어 스튜디오에 가서 찍었더니 속이 시원했다. 왜 진작 전문가를 찾지 않았나 싶었다. 전문가가 괜히 있는 게 아니다. 다른 데서 아끼고 이런 데는 써야 할 필요가 있다.

스튜디오에서 찍으면 좋은 또 다른 이유는 보정 역시 다 해주기 때문이다. 강사 프로필 사진은 예쁨보다 신뢰감이 느껴지는 게 중요한데, 그러한 부분도 다 도와주신다. 무형의 상품을 파는 강사라면 신뢰감 있고 전문적인 느낌을 수험생에게 주어야 한다.

프로필 사진을 촬영했다면 두 번째, 썸네일 사이즈를 잰다. 내가 들어가려는 온라인 강의 플랫폼에서 아무 썸네일을 복사해 그림판으로 가져간 다음, 크기 조정 누르고 픽셀을 선택하면 해당 썸네일의 사이즈를 알 수 있다. 이것을 적어둔다.

세 번째, 썸네일의 분위기를 결정하는 색깔을 선택한다. 우선 자신이 들어갈 분야를 살펴보고, 많은 사람과 겹치지 않으면서 눈에 띌 수 있는 색깔을 찾아본다. 로고가 있다면 로고와 같은 색으로 해도 되고, 자신의 특징을 잘 나타내는 색도 좋다. 나는 '열정'을 표현하는 빨간색으로 할까 하다가 너무 많은 것 같아서 내가 쓰는 로고의 색과 같은 짙은 남색으로 했다.

네 번째, 디자이너를 찾는다. 나는 포토샵을 할 줄 모르기에 크몽 www.kmong.com에서 포토샵 고수를 찾아 의뢰하고는 했었다. 크몽 검색 창에 '썸네일 제작'이라고 검색하여 여러 곳에 문의해보고 괜찮은 곳에 맡기면 된다. 물론 포토샵을 할 줄 안다면 직접 해도 좋다.

다섯 번째, 이미지에 넣을 문구를 생각한다. 디자인은 디자이너가 하더라도 문구는 강의하는 강사가 생각해야 한다. '클릭하지 않고는 못 배기는 제목 만들기(p.126 참조)'에서 나온 방법으로 문구를 만들고, 지인들에게 어떤 게 가장 끌리는지 물어보아 가장 많은 선택을 받은 것을 고른다. 강의 플랫폼마다 조금씩 다르긴 하지만 문구를 넣지 못하게 하는 곳도 있고, 클래스101처럼 강의 특징을 나타내는 문구를 적도록 하는 곳도 있으니 해당 플랫폼의 기준에 맞게 잘 선택하면 된다.

여섯 번째, 썸네일 제작 디자이너에게 프로필 사진과 해당 플랫폼의 썸네일 사이즈, 색깔, 문구 등과 예시 이미지를 보내 썸네일을 만들어 달라고 한 후 업로드하면 된다. 그리고 썸네일을 기존 사진으로 만들고 싶거나 좀 더 개성 있게 만들고 싶은 분은 '미리캔버스www.miricanvas.com'에 있는 많은 템플릿 중 '유튜브/팟빵 썸네일'에 맞추어두고 마음에 드는 이미지를 찾아 글자 정도만 바꿔서 만들 수도 있다.

아래 내가 만든 썸네일 이미지를 보면 미리캔버스 원본 사진과 배경이 같다. 이렇게 하려면 내 사진에 있던 배경을 삭제해야 한다. 이때는 '리무브www.remove.bg'라는 사이트를 활용하면 가능하다. 배경을 없애고 싶은 사진을 넣고 다운로드받으면 끝이다.

미리캔버스에서 제공하는 썸네일 템플릿

미리캔버스를 활용해 배경 이미지를 변경한 썸네일

백지의 공포를 이기는
상세페이지 작성법

온라인에서 강의를 팔려면 강의에 관해 안내하는 상세페이지를 써야 하는데, 그게 좀 무섭다. 빈 화면을 아무런 가이드도 없는 채 가득 채우려면 생각만 해도 머리가 하얗게 되는 것 같다. 그래서 이리저리 막 써보기도 하고, 잘 쓴 상세페이지를 살펴보면서 좋은 점은 참고하려고 한다.

그런데 이때 문제가 생긴다. 아무리 봐도 뭘 따라 해야 하는지도 모르겠고, 잘 쓴 사람들의 상세페이지를 보다가 기가 죽어 온라인 강의는 내가 할 수 있는 게 아닌가 보다 싶은 생각마저 든다.

도대체 상세페이지가 무엇이길래 우리에게 이런 어려움을 주는 걸까? 이 정의부터 제대로 세워져 있어야 팔리는 강의를 위한 상세페이지를 쓸 수 있다. 누군가는 상세페이지를 내 서비스를 구체적이고 상세하게 안내하는 페이지라고 하고, 또 다른 누군가는 커리큘럼을 세세하게 적는 곳이라고 했다. 도대체 무엇이 맞을까?

나는 상세페이지가 사람들이 내 강의를 신청하도록 만들기 위해 매력적으로 어필하는 글이라고 생각한다. 즉 상세페이지의 목적은 '강의 신청을 위해서'라는 이야기이다.

이걸 모르고 쓰면 사람들이 궁금하지도 않은 내용을 주절주절 상세하게 쓰게 되어 기껏 클릭해 들어온 사람도 지루하게 만들어 나가버리는 페이지가 되는 것이다. 상세페이지를 읽고 고객이 행동하게 만들어야 한다.

그럼 고객이 행동하게 만드는 상세페이지는 어떻게 써야 할까? 다음 방법은 수많은 상세페이지를 분석해 나온 패턴이니 이대로만 하셔도 상당히 도움이 되시리라고 생각한다.

첫 번째, '구매하고 싶은 제목'이 나와야 한다. 제목은 고객이 클릭을 넘어 구매하고 싶은 마음까지 들도록 해야 한다. 즉 제목이 거의 전부다. 제목에서 선택받지 못하면 다음은 없다고 생각해야 한다.

유튜브 영상을 볼 때를 생각하면 쉽다. 수많은 영상 중에 왜 그 영상을 택했는지 생각해보면 제목이 많은 비중을 차지할 것이다. 제목은 '클릭하지 않고는 못 배기는 제목 만들기(p.126 참조)'에서 설명하였듯 다음 페이지(p.138)의 요소를 적절하게 섞어 넣어주면 좋다.

① 그들의 고민 혹은 바라는 바 2가지 중 하나를 넣는다.

② 사람들이 보편적으로 가지고 있는 욕망을 자극한다.

 　(돈, 시간, 경험, 인기, 권위, 정체성, 후기 입증 등)

③ 누가 내 고객인지 콕 찍어 부른다.

〈예시〉

자영업자 집중! 10분 만에 1억 원의 매출을 올린 셀러가 알려주는 잘 팔리는 상세페이지 제작법

두 번째, '신뢰할 수 있는 증거'를 넣어 계속 보게 만든다. '카톡 후기' '자필 후기' '영상 후기' '증명되는 성과' '인증' '특허' '00명이 극찬한' 등이 나와주어야 사람들에게 신뢰를 얻을 수 있다.

사람들은 생각보다 깊게 생각하지 않는다. 많은 사람이 좋다고 하거나 무슨 상을 받았다고 하면, 다 그럴 만한 이유가 있을 거라고 믿는다. 그래서 앞부분에 신뢰가 갈 만한 내용을 넣어주면 일단 한 번 읽어볼까 하고 관심을 느끼게 된다.

그럼 처음 강의하는 사람들은 후기나 어딘가에서 인증 받은 게 없을 텐데 어떻게 해야 할까? 이때는 나의 포트폴리오나 내가 이룬 성과 등을 첫 부분에 나타내도 좋다. 남들이 인정해주면 더 좋지만, 없을 땐 나의 자료라도 써야 한다. 그것도 충분히 괜찮다.

확연한 차이가 나타나는 자료나 퀄리티 좋은 포트폴리오, 수입 증대를 가르치는 사람이라면 국세청 세금 신고 내역 등 사람들이 실력

에 대한 것을 믿을 만하면 무엇이든 좋다.

여기서 핵심은 사람들이 '이 강의를 들으면 나도 이렇게 되겠구나!' 하도록 상상하게 만드는 것이다. 뇌는 현실과 상상을 구분하지 못한다. 증거가 있으면 사람들은 우리를 신뢰한 채로 상세페이지 속으로 들어오게 된다는 것을 기억하자.

김*** 3일 전 ★★★★★
핵심적인 부분을 잘 짚어주셔서 방향성을 쉽게 찾을 수 있을 것 같아요. 현재 온오프라인 강의를 하고 있고 클래스유, 클래스101 등 다양한 플랫폼, 판매채널에서 강의판매를 하고 있는데 판매와 마케팅에 대해 고민이 깊어질때 1억치트키 대표님의 열정적인 라이브 강의를 듣고 개선해야 될 부분이 뭔지 감이 오네요! 열정적인 90분강의 감사합니다! Q&A에서 상황별 구체적인 피드백 감사합니다~

S****** 3일 전 ★★★★★
저도 도전해보고 해보고 싶어졌습니다! 추가 수익으로 뭘하지 이곳저곳 기웃거렸는데, 이제는 진짜 실행할 때인것 같아요! 추가 수익 받았다는 연락을 저도 드려보고 싶네요ㅎㅎ

J*** 3일 전 ★★★★★
오늘 강의 듣고 강사님에게 흠뻑 빠졌습니다! 시원시원하게 궁금증을 풀어 주시니 듣기가 좋았어요. 주부라도 집에서 바로 강의를 런칭하고 판매를 할 수 있다는 용기를 듬뿍 가지게 됩니다. 더이상 고민하지 말고 함께 시작을 해야 될 것 같아요 차별화된 강의 기획이 참 어려운데 강의 들으면서 치열하게 공부 해 볼게요 고맙습니다!

김*** 3일 전 ★★★★★
무료 수업들어보고 바로 결제했어요~~온라인 강의 정말 기대가 됩니다 시키는대로 한번 열심히 해보겠습니다~~삼공주 정말 잘키우기위해~~화이팅~~

최** 3일 전 ★★★★★
잠깐 들어도 에너지가 느껴지는 강의네요. 금액으로 산정이 안되는 가치를 충분히 가꼈다고 생각합니다. 제 정서와도 맞을거 같아요 군더더기 없이 콕 짚어서 핵심만 빨리 배우고 빨리 실행할 수 있는 치트키 제대로 얻을 수 있다고 생각하니 벌써 기쁩니다

윤** 3일 전 ★★★★★
강의듣고왔어요! 질의 응답도 잘해주시고 바로바로 대답도 해주세요 😊 주부인데 제 경력이 단절되어 다시 제 능력을 살릴 수 있을까? 영어 교습소를 고민하면서 마케팅은 어찌해야할지 생각하고 있었는데 선생님 만나고 속이 뻥 뚫렸어요 정말 감사해요

서********* 3일 전 ★★★★★
제작만 하다가 구닥다리가 된다는 말씀에 헉...했네요...판매를 먼저 하고 빠르게 제작하고 실행해야된다는 생각이 처음으로 들었어요. 추가 강의 듣고 싶네요~~!

내 강의 상세페이지 가장 위에 있는 수강생 후기

🖋 월 **30만원** 벌던 초보사장님 – 간호사 화법, 멘탈 강의로 월 **200만원** 달성

※ 수강생 소피님의 찐후기를 직접 확인해보세요! (클래스101 강사)

내 강의 상세페이지 가장 위에 있는 성과와 수강생 추천평 등

클래스101에서 진행하는 내 강의를 예시로 살펴보면 상단에 고객들의 평점, 후기, 나의 성과, 수강생들의 성과를 이미지와 영상으로 보여준다. 이렇게 증거를 보여줌으로써 내가 이 강의를 할 자격이 있고, 나를 만난 사람들이 이렇게 결과를 냈노라고 간접적으로 이야기를 하는 것이다.

세 번째, '끝까지 읽게 만드는 후킹'이다. 후킹은 고객들의 마음 잡아채는 기술이라고 할 수 있다. 후킹은 아래의 요소를 적절히 배합하면 좋다.

---

① 문제가 해결되었을 때의 이점 혹은 고통스러운 상황에 대해 언급한다.

② 끝까지 읽으면 무엇을 얻을 수 있다고 약속한다.

예를 들어, '쇼핑몰 등을 운영하기 위해 상세페이지를 잘 쓰고 싶은 사람을 위한 강의'의 상세페이지라면 이렇게 해볼 수 있다.

〈예시〉

내 상세페이지, 뭘 더 어떻게 해야 할지 답답하세요?

트래픽은 있는데 전혀 팔리지 않고 있나요?

그렇다면 이 글을 끝까지 읽고, 강의를 신청해주세요. 당신에게 꼭 필요한 해결책을 지니고 있으니까요.

네 번째, '감정의 고리를 잇는 경험을 들려주는 것'이다. 이 강의를 왜 하게 되었는지, 어떤 경험을 했는지를 나타내는 것인데 이때 나도 당신과 비슷했지만 이렇게 달라졌다는 내용이 있으면 공감을 일으키기가 쉬워진다.

즉 공감 가는 스토리텔링이라고 생각하면 된다. 아래 〈예시〉처럼 이런 식으로 이 강의를 왜 하게 되었는지에 관한 경험을 적어주면, 그 부분에서 공감하고 진정성을 느낀 사람은 강의 결제가 좀 더 쉬워진다.

〈예시〉

팔리는 상세페이지 1,000개를 연구했습니다. 저는 지금껏 수백 개의 중소기업, 1인기업과 작업하면서 깨달은 게 하나 있습니다. '다들 상세페이지를 정말 대충 만드는구나!' 그들 대부분은 판매 전략&카피라이팅 전략이 전혀 없었습니다. "상세페이지, 어떻게 만드세요?"라고 물으면 대부분 이렇게 대답했습니다.

"남의 것 참고해서요."
"대충 타겟을 생각해서요."
"그냥 제품을 잘 알려주는 거죠."

황당했습니다. 온라인 영업사원을 이렇게 대충 만들다니요. 디테일한 요소를 고려하거나, 상세페이지 요소 하나하나에 정성 들여 제작하시는 곳은 거의 없었죠. 그러던 어느 날, 정말 잘나가는 사업가분을 만나 상세페이지에 관한 이야기를 했습니다. 그리고 저는 그 사람이 왜 잘나가는지 깨달았습니다. 상세페이지 요소 하나마다 아주 디테일하게 이게 왜 들어가는지 설명하시는 모습에 저는 감탄했습니다.
심지어 행동 심리학에 대한 과학을 근거로 들어가면서 이야기하셨습니다. 그래서 저는 그날부터 정교하고 치밀한 상세페이지의 힘을 깨닫고 30권의 행동

심리학과 판매 심리학 관련 책을 읽고 1,000여 개의 잘 팔리는 상세페이지를 연구했습니다. 잘 팔리는 상세페이지는 어떤 모습일까요? 수천억 원의 매출을 내는 상세페이지에는 무슨 비밀이 있을까요? 저는 결국 핵심 패턴을 찾아냈고, 그 비밀을 알아냈습니다. 이제 그 비밀을 강의에서 제공하려고 합니다.

다섯 번째, '이 수업을 듣지 않았을 때 생기는 문제'를 콕 짚어준다. 예비 수강생들은 그동안은 그냥 조금 불편한 정도였을 뿐 큰 지장이 있다고 느끼지 않았을 확률이 높다. 정말 미친 듯이 불편했다면 벌써 해결책을 찾아서 바꾸었을 것이다.

하지만 그게 해결하지 않으면 얼마나 불편한 문제인지 보여주어 긴가민가하던 마음에 확신을 심어줄 수 있다. 예를 들어, 상세페이지 제작하는 방법을 강의하는 사람이라면 이렇게 써 볼 수 있을 것이다.

⟨예시⟩
상세페이지가 제대로 되어 있지 않으면 어떤 사태가 벌어질까요?

1. 고객이 물건을 사지 않는다
2. 수천만 원 광고를 해봤자 돈만 날린다
3. 고객이 구매하긴 했지만 충분한 사전 설명이 없거나 부족함을 느껴 환불한다

내가 잘생기고 예쁜 사람이라면 어떤 소개팅에 나가도 상대가 좋아할 가능성이 큽니다. 상세페이지도 마찬가지입니다. 어떤 사람이 와도 반응할 만한 상세페이지를 만들어야 합니다. 당신은 어떤 상세페이지를 만드셨나요? 누가

와도 반응하게 만들어져 있나요?

또 이런 방법도 좋다. 나를 만나고 바뀐 모습과 그렇지 않을 때를 비교하는 것도 고객들에게 이미 잘된 모습을 상상하게 해서 행동을 일으키기가 좋다.

〈예시〉

이런 경험, 다들 있지 않나요? 디자인은 화려하지만 팔리는 요소가 없는 상세페이지와, 디자인은 투박하지만 팔리는 요소가 있는 상세페이지 중 어떤 게 이길 것 같으세요?

당연히 후자가 압도적으로 이깁니다. 화려하지만 뻔한 이야기만 늘어놓은 상세페이지보다 옆집 농부가 투박하게 쓴 진심 어린 상세페이지가 압도적으로 매출이 높은 이유, 당연히 있습니다.

디자인도 중요하지만, 상세페이지 요소는 더 중요합니다.

지금 당장, 당신의 상세페이지 요소를 점검해보세요.

이런 문구를 보면 '그러게…? 내 상세페이지는 그냥 화려하기만 한 것 같은데?'라는 생각이 들기 마련이다. 그리고 동시에 이 강의를 들으면 진심 어린 상세페이지로 매출이 발생할 것 같은 마음이 든다. 점점 더 결제 쪽으로 마음이 기울어지게 된다.

여섯 번째, '누가 내 고객이고, 내 고객이 되면 어떤 이득이 있는지' 나타내준다. 모두를 다 만족시킨다는 건 어떤 뾰족한 특징이 없다는 것이다. 그래서 딱 정리해주어야 한다. 누가 내 강의 들으면 도움이 되는지, 누가 들으면 안 되는지를 알려주는 것이다. 이때는 내 고객이 될 만한 사람들의 포괄적 범위, 그들의 고민, 직업적 특징을 넣어주면 된다.

〈예시〉

제 강의가 도움이 되는 분들은 이런 분들입니다.

- 밤낮없이 상세페이지를 고민하고 계신 분
- 트래픽은 있는데 상품이 전~혀 팔리지 않는 분
- 지금 당장 내 상세페이지를 뜯어고치고 싶은 분
- 사업가, 자영업자, 1인 기업, 스마트 스토어 운영자 등 뭔가를 판매하시는 모든 분

이를 통해 글을 읽는 사람이 내가 명시한 수강생 조건에 들어간다면 자신을 위한 강의라고 생각해 결제할 확률이 높아진다. 또한 이렇게 누가 내 수강생인지 정의를 내리면 내 강의와 맞지 않는 사람들을 불러모아 쓸데없이 에너지 뺏기는 일을 하지 않아도 되고, 강의 만족도도 훨씬 높아져 좋은 후기를 받을 수 있어 도움이 된다.

그리고 이 강의를 통해 얻을 수 있는 것도 딱 정리해주어야 한다. 그래야 상세페이지를 읽는 사람들이 강의를 듣는 게 이득이라는 쪽으로 생각을 굳히게 된다.

〈예시〉

강의에서 이런 것들을 얻으실 수 있습니다.

- 날개 돋힌 듯 팔리게 하는 상세페이지의 비밀
- 10분 만에 적용하는 팔리는 상세 카피라이팅
- 수백만 원을 절약할 수 있는 상세페이지 만드는 법
- 모두가 기억하는 상세페이지 브랜딩 하는 법
- 1대 1 무료 상담권

일곱 번째, '상세페이지를 본 사람은 어떤 행동을 해야 하는지' 구체적으로 알려주어야 한다. 생각보다 사람들은 글을 제대로 읽지 않기 때문에 아주 쉽게 하나씩 다 알려주어야 한다.

그렇지 않으면 "이런 줄 몰랐으니 환불해라" "나는 그런 말 못 들었다" "나는 왜 안 되냐!" "나는 이거 못하겠다 못 찾겠는데 어쩌라는 거냐" "뭐가 이렇게 불편하고 불친절하냐" 등 생각지도 못한 곤란한 상황에 놓이거나 각종 CS 문제에 휘말릴 수 있다. 그러니 아주 구체적으로 적어줘야 한다.

〈예시〉

이 강의는 월 3만 원이면 들을 수 있습니다. 하지만 저는 이 강의가 누군가에게는 수백만 원의 가치가 있으리라고 확신합니다. 수강 신청 방법은 다음과 같습니다.

- 수강 신청은 비밀 댓글로 가능합니다
- 비밀 댓글로 성함, 연락 가능한 전화번호와 이메일주소, 판매자가 정직해야 하는 이유 3가지를 적어주세요
- 선정된 분에게는 개별적으로 연락 드려 강의 수강 기회를 드리겠습니다

• 기재 내용 중 미흡한 부분이 있을 시 강의 신청이 되지 않을 수도 있습니다

여덟 번째, 'Q&A를 만들어서 물어볼 법한 질문과 답변으로 의문을 해소해야' 한다. 의문이 계속 남아 있고, 그에 대한 답도 들을 수 없다면 사람들은 강의도 이런 식으로 무성의하게 응대하리라고 생각해 강의를 결제하지 않거나, 결제해도 금방 취소하게 만든다.

그러니 사람들이 물어올 법한 질문을 정리해 미리 올려놓거나, 강의를 진행하면서 추가적으로 계속 받게 되는 질문이 있으면 그때마다 Q&A를 업데이트하면 좋다.

〈예시〉

Q. 왕초보도 써먹을 수 있나요?

A. 네, 왕초보도 가능합니다. 누구나 10분 만에 상세페이지의 흐름을 알 수 있게 만들었습니다.

이 8단계 가이드라인은 내가 지금까지 경험했던 성공적인 사례들과 잘나가는 수백 개의 상세페이지를 분석해서 만든 보편적인 틀이다. 상세페이지, 어떻게 써야 하나 고민하셨다면 이 가이드라인에 맞추어 일단 빠르게 써 보길 추천한다.

상세페이지 작성할 때
명심할 3가지

첫 번째, 내가 고객이라고 생각하고 상세페이지를 읽어보며 계속 수정하자. 상세페이지는 음악이 연주 되듯 전체 요소가 자연스럽게 읽혀지게 만들어야 한다. 그러려면 굉장히 많이 수정해야 한다. 한 번 쓰고 '왜 결제가 안 날까?' 하면 안 된다. 계속 고객의 반응을 더 좋게 하려고 애써야 한다.

두 번째, 가이드라인에만 의존하지 말고 스스로도 벤치마킹하자. 여기서 알려드린 방법은 그저 기본 가이드라인일 뿐이니, 반드시 업계 1등이나 내 경쟁자 그리고 내 고객이 구입할 만한 상세페이지를 낱낱히 뜯어보고, 분석해보시길 추천 드린다. 그래야 좋은 건 배우고, 경쟁자보다 차별화된 상세페이지를 만들 수 있다.

스스로 분석하는 시간은 강의를 100번 듣는 것보다 효과가 있다고 생각한다. 그렇게 분석하고, 직접해보고, 수정하면서 임계점이 차오르면 어느 순간 내 서비스와 맞는 최고의 상세페이지를 작성하는 경험을 하게 될 것이다.

세 번째, 실제로 효과가 있는지 통계자료를 살펴보자. 광고를 하게 되면 트래픽, 조회량 등을 알 수 있는데, 이때 반드시 분석을 해야 한다. 감이 아니라 숫자를 보면서 분석해야 하는 것이다.

만약 사람들이 내 상세페이지를 보고 앞부분에서 대부분 나간다면? 도입 부분이 지루하거나 도움이 되지 않는다는 이야기이니 바꿔야 할 것이다. 또한 상세페이지에 들어오는 사람은 많은데, 장바구니에 담거나 결제하는 비율이 낮다면? 분명 문제가 있는 것이다.

또 상세페이지를 보고 장바구니에 담는 비율은 높은데 결제가 안 된다면? 의외로 결제가 불편해서 안 할 수도 있으니 하나씩 살펴보고 원인을 찾아내야 한다.

부끄럽더라도 지인이나 친구들에게 상세페이지 링크를 보내 왜 구매가 일어나지 않는지 솔직한 피드백을 들어봐야 한다. 결국 만들기만 하고 끝이 아니라 결과도 계속 챙겨야 된다는 말이다. 의외의 부분에서 이탈하는 경우가 많으니, 잘 팔리는 상세페이지가 되려면 사소한 부분도 잘 챙겨야 한다.

당장 듣고 싶은
상위 1% 커리큘럼 만들기

커리큘럼을 만들 때마다 도대체 어떻게 구성해야 수강생들에게 환영받을 수 있는지 늘 궁금했다. 매번 뭔가 부족한 것 같고, 정확하지 않아 답답했다. 이걸 누군가가 딱 알려주면 좋겠는데 그걸 알려주는 사람이 없었다.

그러다 본질로 돌아가 생각해보았다. 내가 늘 강조하는 게 '강사는 수강생의 문제를 해결해는 문제 해결자이다'라는 것이다. 그렇다면 강의는 그들의 문제를 해결하는 수단이다.

그럼 수강 신청 전에 사람들이 살펴보는 커리큘럼은 무엇일까? 바로 사람들이 가진 문제를 어떤 방식으로 해결할 수 있도록 돕겠다고 알려주는 문제 해결 네비게이션인 것이다.

잘 팔리는 강의의 커리큘럼을 보면 아직 경험하지는 않았지만, 내용만 보고도 문제가 해결된 상황을 떠올리게 만든다. 예를 들면, '이 강의를 들으면 금융 지식을 습득해 금융 문맹에서 탈출할 수 있겠다' '이 강의를 들으면 나도 전자책으로 한 달에 1,000만 원은 벌 수 있겠다' 등 이러한 마음이 드는 것이다.

그럼 커리큘럼은 어떻게 만들어야 할까? 다음 페이지(p.152)에 있는 표 〈1단계 : 기초〉〈2단계 : 메이크업〉〈3단계 : 포인트 메이크업〉인 3단계 과정을 거치면 된다. 화장하는 것과 같다고 생각하면 좀 더 이해가 쉬울 듯하다.

우리는 세안 후 먼저 기초 화장품을 바르고, 메이크업을 한다. 그리고 좀 더 매력적으로 보일 수 있게 추가로 포인트 메이크업을 한다. 커리큘럼도 이와 같이 3단계 과정을 거쳐 만들 수 있다.

1단계 : 기초	2단계 : 메이크업	3단계 : 포인트 메이크업
1. 누가 내 수강생일까?		1. 고민이 해결된 모습을 구체적으로 묘사하기.
2. 그들은 어떤 문제를 해결하고 싶어 할까?		2. 7살도 이해하도록 쉽게 설명하기.
3. 이 강의는 그들의 문제 중 특히 어디에 집중할 것인가?		3. 질문으로 관심 증폭하기.
4. 나온 것들에 대한 해결책을 명사로 표현해볼까?		4. 대조를 통해 선명하게 보여주기.
5. 나온 내용을 일의 순서대로 조합해볼까?	**욕망사고법**	5. 숫자로 신뢰감 더하기.
6. 그들의 문제를 해결하는 방법은 무엇일까?	**고객의 고민**	6. 답을 바로 주기보다 궁금하게 만들기.
7. 찾은 문구들을 [경험, 연구, 사고법, 노하우, 사례] 중 선택하여 적절하게 배치해볼까?		7. 문제를 말해 편견 깨기.
8. 이 강의를 듣고 그들이 얻을 수 있는 것은 무엇일까?	*** 욕망 사고법이란?**	8. 나만이 줄 수 있는 약속으로 쐐기 박기.
9. 그들을 얼마의 기간 동안 가르쳐야 할까?	1억치트키가 '클래스101 강의'에서 처음 사용한 용어이다. 돈을 더 벌거나 아끼고, 시간을 아껴주고, 놀라운 경험을 하게 하고, 인기나 권위를 얻고, 정체성이 바뀌고, 많은 사람의 후기로 입증되었기에 안심할 수 있는 등의 사람이 보편적으로 가지고 있는 욕망을 의미한다.	9. 나만의 이론 만들기.
10. 그 기간이 수강생들의 문제를 해결하기에 충분한가?		

152

먼저 〈1단계 : 기초〉에서 묻는 10가지 기초 질문에 관한 답을 해보자. 현재 내가 하고 있는 강의인 '온라인 강의 수익화하기'를 예로 들어보면 다음과 같다.

〈예시〉

1. 누가 내 수강생일까? (그들이 가진 특징)

① 온라인 강의를 하고 싶은데 방법을 모르는 사람

② 나만의 이야기로 강의를 하고 싶은 사람

③ 돈을 더 벌고 싶은 사람

④ 지금 하는 일과 관련한 뭔가를 하고 싶은 사람

⑤ 평생 현역으로 일하고 싶은 사람

⑥ 은퇴 준비가 아직 되지 않은 사람

2. 그들은 어떤 문제를 해결하고 싶어 할까?

① 어떻게 온라인 강의를 시작해야 할지 모르겠다

② 온라인 강의를 잘 파는 방법을 모른다

③ 강의력은 있지만 체력과 시간에 한계가 있다

④ 온라인 강의에 관해 딱 알려주는 사람이 없다

⑤ 지금 하는 게 맞는 건지 확신이 없다

⑥ 주변에서 뭐라고 한다

3. 이 강의는 그들의 문제 중 특히 어디에 집중할 것인가?

(수강생의 문제를 어디까지 해결해줄 것인지 범위를 반드시 설정해두어야 수강생에게

불필요한 약속이나 희망 고문 등을 하지 않을 수 있다.)

① 온라인 강의 시작하는 방법

② 온라인 강의 잘 파는 방법

③ 오프라인 강사가 온라인 강의 잘 만드는 방법

④ 온라인 강의에 관한 A~Z

⑤ 확신을 심어주는 방법

⑥ 주변의 말에 영향을 받지 않는 방법

※집중할 고객의 고민에 대한 결론 : 온라인 강의로 성공하는 방법을 A부터 Z까지 다루는데, 특히 잘 파는 방법을 핵심적으로 가르치자.

4. 나온 것들에 대한 해결책을 명사로 표현해볼까?

(생각을 정리하고 좀 더 쉽게 검색할 수 있게 한다.)

① 어떻게 온라인 강의를 시작해야 하는지 모른다는 점 → 기획, 제작

② 온라인 강의를 잘 파는 방법을 모른다는 점 → 마케팅, 세일즈

③ 강의력은 있지만 체력과 시간에 한계가 있는 점 → 자동화

④ 온라인 강의에 관해 딱 알려주는 사람이 없다는 점

⑤ 지금 하는 게 맞는지 확신이 없다는 점 → 마인드

⑥ 주변에서 뭐라고 하는 점

5. 나온 내용을 일의 순서대로 조합해볼까?

① 마인드

② 기획

③ 제작

④ 마케팅

⑤ 세일즈

⑥ 자동화하는 방법

6. 그들의 문제를 해결하는 방법은 무엇일까? (검색 수집)

(포털에서 검색 혹은 네이버 키워드 도구나 키워드 툴을 활용해 키워드를 검색하여 자신이 온라인 강의를 하려는 내용과 관련도가 높으면서 눈에 띄는 문구를 수집한다. 이때 '키워드+잘하는 법' '키워드+해결법'처럼 고객이 원하는 바를 붙여서 검색하면 더욱 쉽게 찾아낼 수 있다.)

① 마인드 : 부자 마인드
② 기획 : 브랜딩, 콘텐츠 기획
③ 제작 : 온라인 강의 제작 방법
④ 마케팅 : 0원으로 하는 마케팅

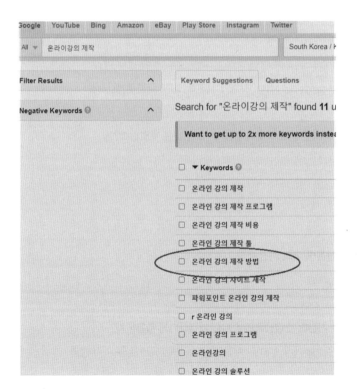

⑤ 세일즈 : 입소문 방법, 고객 확보 방법

⑥ 자동화 : 사동화 사이트, 업무 자동화

7. 찾은 문구들을 [경험, 연구, 사고법, 노하우, 사례] 중 선택하여 적절하게 배치 해볼까?

(강의 내용에 강사 이야기가 많으면 자랑 같고, 연구 결과가 많으면 지루하므로 위 5가 지를 골고루 섞어야 강의의 몰입도가 높아진다.)

① 마인드 : 잘나가는 강사들의 사고법, 꼭 없애야 하는 심리적 장벽

② 기획 : 기획 방법, 기획 잘해서 잘된 사례

③ 제작 : 제작 방법, 시간 단축하는 방법, 얼굴 없이 강의하는 법

④ 마케팅 : 마케팅 효율 높이는 방법, 0원으로 마케팅하는 노하우 등

⑤ 세일즈 : 고객 확보 방법, 입소문 방법, 후속 판매 방법

⑥ 자동화하는 방법 : 자동화 사이트 소개, 이용 방법, 사례

8. 이 강의를 듣고 그들이 얻을 수 있는 것은 무엇일까?

① 자신만의 이야기로 온라인 강의 시작

② 강한 마인드

③ 잘 홍보하고 파는 방법 습득

9. 그들을 얼마의 기간 동안 가르쳐야 할까?

① 5개월

10. 그 기간이 수강생들의 문제를 해결하기에 충분한가?

① 가능 : 가장 빨리 한 사람은 1개월 만에 500만 원 수익 창출

실제 1억치트키 온라인 강의 커리큘럼

이렇게 10가지 기초 질문을 통해 나온 대답들은 내 커리큘럼의 뼈대가 되었다. 이렇게 기초가 끝나면 〈2단계 : 메이크업〉 과정을 통해 더 매력적으로 보이게 하면 된다.

이때는 고객들이 바라는 바와 사람이라면 누구나 가지고 있는 보편적 욕망(돈, 시간, 경험, 인기, 권위, 정체성, 후기 등으로, 나는 '욕망 사고법'이라고 부른다)의 교집합을 글로 쓰는 것이다.

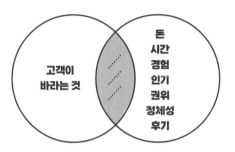

내 강의로 계속해서 예를 들면, 온라인 강의를 하고 싶은 수강생은 다음과 같은 것들을 원한다.

1. 일하지 않아도 생기는 수입
2. 내 이야기로 온라인 강의 제작
3. 제작한 온라인 강의 잘 파는 방법

그럼 욕망사고법의 7가지 재료(①돈을 더 번다 ②시간을 아낀다 ③경험을 한다 ④인기를 얻는다 ⑤권위가 생긴다 ⑥정체성이 바뀐다 ⑦많은 사람이 인정한다) 중 내 수강생들이 바라는 점과 겹치는 부분을 두드러지게 쓰는 것이다. 내 수강생들의 니즈와 겹치는 부분은 '돈' '시간' '정체성' 정도가 될 것 같다. 그럼 다음과 같이 교집합을 만들어 볼 수 있다.

① 자동으로 월 200만 원 수익이 나오는 나만의 온라인 강의 만들기

② 월 30만 원 벌다 월 8,000만 원 번 비밀

③ 0원으로 수십억 원을 버는 블로그 마케팅

'자동 수익'이라는 말에는 시간을 아끼고 돈을 벌고 싶다는 욕망을 담았고, '나만의 온라인 강의'라는 말에는 내 이야기로 강의를 하는 사람이라는 정체성의 변화를 나타냈다. '월 30만 원 벌다 월 8,000만 원 벌었다'라는 표현에서는 나도 이렇게 바뀌고 싶다는 정체성의 변화와 돈을 벌고 싶다는 욕망을 다루었고, '0원으로 수십억 원을 버는 블로그 마케팅'이라는 표현에서는 돈을 쓰지 않고도 잘 팔고 싶다는 욕망을 반영했다.

이렇게 수강생이 바라는 바와, 인간이라면 보편적으로 바라는 욕망의 교집합을 드러나게 작성하면 아무래도 눈길이 더 갈 수밖에 없게 된다.

커리큘럼

클래스를 신청하신 분들이 배우고 있는 커리큘럼입니다. 콘텐츠는 배우기 쉽게 영상, 수업노트, 첨부파일로 구성되어있습니다.

Welcome 안녕하세요, 1억치트키입니다

1	월 30만원 벌던 제가 월 8천만원 벌 수 있었던 이유	무료 공개 ▶
2	1억 벌자마자 배운 삶을 변화시키는 비법 'OOOO'	무료 공개 ▶
3	쿠팡권 사용법을 알려드립니다.	
4	10년을 1년으로 줄여주는 팔리는 온라인 강의 프로세스 6단계	무료 공개 ▶

01 온라인 강의, 0원으로 누구나 할 수 있는 최고의 투잡

1	'가르칠 게 없어요'가 무의미한 말인 이유	
2	온라인 강의를 할 때 반드시 없애야만 하는 4가지 심리적 장벽	
3	언택트 시대 최고의 자동수입원 온라인 강의	무료 공개 ▶

02 상위 0.1% 강사들의 남다른 사고법

1	사고법 1 : '필요하면 발바닥도 핥을 수 있다."
2	사고법 2 : 나는 내가 할 일을 할 뿐이. 그 다음은?
3	사고법 3 : 내용이 중요하다 (X) 고민이 중요하다 (O)
4	사고법 4 : 내가 10년 동안 깨달은 상위 0.1% 강사의 비밀

03 온라인강의로 평생 연금 받는 실전 노하우 1 : 기획

1 팔리는 강의는 기획부터 다르다

2 '컨셉'이라 읽고 '차별화'라고 부른다

3 몸값을 높이는 비결은?

05 온라인강의로 평생 연금 받는 실전 노하우 3 : 마케팅

1 0원으로 수십억을 아끼는 마케팅의 성지, 블로그

2 21세기 현재 최고의 마케팅 플랫폼, 유튜브

3 이메일은 망했다? 아직도 효과적인 이유

4 왕초보라서 알아야 하는 마케팅

06 촬영과 편집이 어렵다고? 이것만 알아도 됩니다

1 촬영 셋팅, 아주 손쉽게 구축하세요 (조명, 소품, 배경, 카메라, 의상, 대본)

2 편집, 3가지만 알면 어렵지 않아요

3 PPT, 템플릿으로 10분만에 강의자료 만들기

4 나만 알고 싶은 촬영-편집 무료 툴, 효과적인 도구들

07 당신도 디지털 노마드가 될 수 있어요 : 자동화 비법

1 단 한 번 세팅으로 끝내는 자동 고객관리

2 선순환을 그리는 입소문과 후기 전략

3 10배 시너지를 누리는 후속 판매 전략

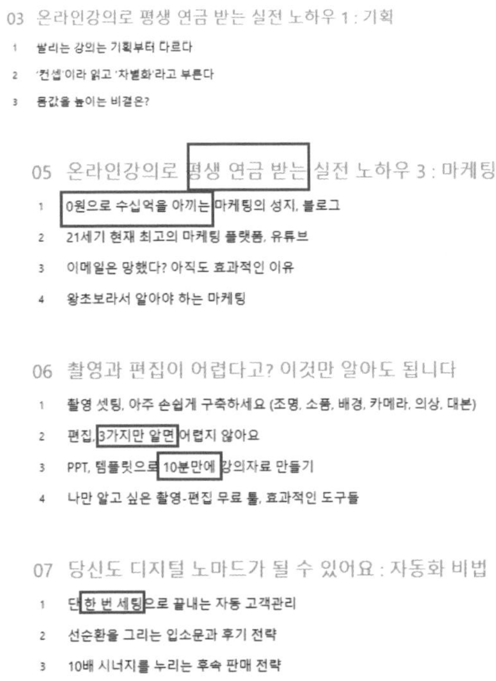

위의 그림(pp.159~160)에 표시된 부분을 살펴보면 욕망 사고법과 수강생들이 바라는 바를 적절히 섞었음을 볼 수 있다. 여기까지만 해도 충분히 매력적이지만, 마지막으로 아래 〈예시〉처럼 〈3단계 : 포인트 메이크업〉을 통해 포인트를 주어 좀 더 호기심과 신뢰를 확 끌어올리면 수강 등록이 한결 쉬워진다.

〈예시〉

1. 고민이 해결된 모습을 구체적으로 묘사하기

- 연봉 1억 원 성공 스토리 (X)
- 25살에 연봉 1억 원 되고, 부모님의 빚 3억 원을 갚다 (O)

2. 7살도 이해하도록 쉽게 설명하기

- 비용을 절약하는 네이버 상위 노출 광고 전략 (X)
- 광고비 0원으로 네이버 메인에 상품 광고 노출하기 (O)

3. 질문으로 관심 증폭하기

- 100만 원 화장품 창업에 대한 이해 (X)
- 100만 원으로 화장품 창업, 진짜 가능할까? (O)

4. 대조를 통해 선명하게 보여주기

- 화려한 상세페이지 NO! (X)
- 화려한 상세페이지는 팔리는 상세페이지가 아니에요! (O)

5. 숫자로 신뢰감 더하기

- 특급! 물건 소싱 비법 (X)
- 상위 0.1%만 아는 놀라운 물건 소싱 방법 (O)

6. 답을 바로 주기보다 궁금하게 만들기

- 배상과 보상의 차이 (X)
- 배상? 보상? 한 글자 차이로 유무죄가 갈린다? (O)

7. 문제를 말해 편견 깨기

- 이메일은 앞으로 더 발전한다 (X)

- 이메일이 끝났다고? 이제 시작입니다 (O)

8. 나만 줄 수 있는 약속으로 쐐기 박기

- 스마트 스토어, 첫 매출 나올 때까지 도와드립니다 (O)
- 중국어 실력이 늘지 않으면 늘 때까지 1대 1 코칭해드립니다 (O)

9. 나만의 이론 만들기

- 침 흘리는 인간의 욕망을 건드리는 '욕망 사고법'
- 0원으로 광고하는 '365 이벤트' 전략

1   월 30만원 벌던 제가 월 8천만원 벌 수 있었던 이유

2   1억 빚져가며 배운 삶을 변화시키는 비법 'OOOO'

3   코칭권 사용법을 알려드립니다.

4   10년을 1년으로 줄여주는 팔리는 온라인 강의 프로세스 6단계

01 온라인 강의, 0원으로 누구나 할 수 있는 최고의 투잡

1   '가르칠 게 없어요'가 무의미한 말인 이유

2   온라인 강의를 할 때 반드시 없애야만 하는 4가지 심리적 장벽

3   언택트 시대, 최고의 자동수입원 온라인 강의

02 상위 0.1% 강사들의 남다른 사고법

1   사고법 1 : "필요하면 발바닥도 핥을 수 있다."

2   사고법 2 : 나는 내가 할 일을 할 뿐이다. 그 다음은?

3   사고법 3 내용이 중요하다 (X) 고민이 중요하다 (O)

4   사고법 4 : 내가 10년 동안 깨달은 상위 0.1% 강사의 비밀

〈3단계 : 포인트 메이크업〉을 통해 좀 더 호기심과 신뢰를 끌어올림

결제를 부르는 커리큘럼은 결코 쉽게 나오지 않는다. 앞서 언급한 단계들을 거치며 수정을 반복해 정교하게 만드는 작업이 필요하다. 그리고 좀 더 쉽게 할 수 있는 팁은 잘 쓴 커리큘럼을 내 과목에 대입해 조금씩 표현을 바꾸어보는 것이다.

예를 들어, 유튜브 하는 방법을 가르치고 싶은데 'PPT로 온라인 강의 만들기'라는 문구가 괜찮게 느껴졌다면 '유튜브로 온라인 강의 시작하기'와 같이 바꾸어보는 것이다. 이처럼 전체적인 틀은 비슷한데 모양만 바꿔 쓰다 보면 빠르게 카피 실력을 키우는 데 도움이 된다.

다만 완전히 똑같이 만들지는 말자. 그럼 내 실력이 늘지 않는다. 남의 것을 그대로 쓰면 당장은 매출이 나올지도 모르지만, 커리큘럼이라는 게 한 번 짜면 평생 다시 짜지 않아도 되는 게 아니다. 계속 마케팅도 해야 하고, 상세페이지 역시 수정해야 하니 반드시 스스로 할 줄 알아야 한다.

그리고 결정적으로 남이 고심해서 써놓은 걸 홀랑 베끼는 건 멋지지 않다. 이 책 『평생 연금 받는 온라인 클래스 멘토링』을 읽는 독자들은 그러한 행동은 하지 않으시길 바란다.

온라인 강사가 된 워킹맘,
김혜림(림피디) 님

Q. 온라인 강의를 시작할 수밖에 없었던 때의 심정과 상황이 어떠셨어요?

저는 사무직으로 일을 하는 워킹맘이었습니다. 직장에 다니며 부업
으로 해보려고 영상 편집을 배웠고, 얼마 지나지 않아 오프라인에서
영상 편집 강의, 유튜브 스터디, 셀프 로고 제작 등 여러 강의를 만들
어서 사람들에게 도움이 되고자 노력했습니다.

하지만 그러한 노력에도 한 달에 많이 벌면 50만 원, 적게 벌면 5만
원 정도의 수입을 얻고 있었습니다. 게다가 코로나19가 심해지는 상
황이라 불안함도 커졌습니다. 뭔가 하지 않으면 안 될 것 같고, 변화
가 필요하겠다 싶던 차에 사람들이 온라인으로 강의를 하면 어떻겠
냐고 해서 온라인 강의를 시작하게 되었습니다.

Q. 온라인 강의를 하게 되면서 찾아온 삶의 변화가 궁금합니다.

제가 외진 곳에 살다 보니 강의를 하기 위해서는 편도로만 2시간 정도 시간이 걸렸습니다. 직장을 다니면서, 아직 어린 아이 둘의 육아를 하며, 강의까지 함께 하고 있었는데, 이동시간이 제법 걸리다 보니 무엇 하나 세대로 못 하는 기분이 들었습니다.

그러다 온라인 강의로 바꾸고 나니 이동 시간이 상당히 많이 절약되었고, 전과 다르게 전국에서 오신 수강생을 만날 수 있게 되었습니다. 심지어 외국에 계신 분들과도 함께 할 수 있게 되어 길에서 허비하던 시간을 수업 준비를 위해 더 쓸 수 있었고, 아이들과도 더 많이 함께 할 수 있게 되었습니다.

Q. 당신에게 온라인 강의란 어떤 의미인가요?

온라인으로 진행한 첫 강의에서 보았던 수강생들의 표정을 또렷하게 기억합니다. 수강생들의 표정은 점점 굳어졌고, 그들을 보며 저는 점점 자신감을 잃고 식은땀이 났습니다. 긴장을 하니 말까지 빨라져 2시간으로 예정된 강의를 한 시간에 끝내는 큰 실수를 범했습니다.

초보 강사이다 보니 그 후로도 강의를 하면서 매번 크고 작은 실수를 많이 했고, 그럴 때면 당황해서 어쩔 줄을 몰랐습니다. '강의는 나랑 맞지 않는 건가? 그만해야 하나?' 싶은 마음도 계속 커졌습니다. 하지만 실력이 안 되면 끈기라도 있어야겠다 싶어서 포기하고 싶은 마음을 누르고, 블로그로 수강생을 받고, 무료 강의도 하면서 강의를 지속했습니다.

그러다 30번째 강의를 하던 날, 수강생과 제가 완전히 하나로 연결된 듯한 기분이 들었습니다. 그날의 저는 완벽하진 않았지만 에너지가 넘쳤고, 강의 내내 미소를 짓고 있었습니다. 그때 다짐했습니다. "나는 이 일을 절대 포기하지 않겠어! 멋있는 강사가 될 거야! 그래서 도움이 필요한 편부모 가정과 저소득층 가정 아이들에게 영상 편집을 알려줄 거야!"라고 중얼거렸습니다.

그렇게 포기하지 않고 지속해온 온라인 강의는 주눅 들고 자신감 없던 저에게 새로운 꿈을 심어준 고마운 존재가 되었습니다.

Q.1억치트키의 강의를 듣고 달라진 점이 무엇인가요?

제가 운영하던 강의는 강의인지 스터디인지 모를 애매한 커리큘럼과 다양한 요구가 있는 수강생들이 섞여 있어 시너지가 나지 않고 있었습니다. 모든 사람의 요구에 맞추어 계속 커리큘럼을 바꾸려고 하자 시간도 부족하고, 아이디어 고갈 등 어려운 점이 많이 있었습니다. 그래서 갈수록 지쳐가던 중 1억치트키 님의 강의를 보게 되었습니다.

'월 30만 원 벌던 강사는 어떻게 월 8,000만 원을 벌게 되었을까?'라는 제목과 커리큘럼도 저를 잡아끌었습니다. 도대체 이런 커리큘럼과 제목 아이디어는 어디서 나오는 것인지 수강료도 보지 않고 홀린 듯 강의를 신청했습니다.

첫 강의를 듣고 깜짝 놀랐던 기억이 납니다. 1억치트키 님의 목소리 톤이 제가 생각하던 톤이 아니고, 뭔가 친근한 느낌으로 말씀하시는데, 그게 너무 신기해서 계속 보게 됐습니다.

또 영상마다 미션이 있어 그냥 보고 넘어갈 수 없었습니다. 스스로 생각하고 답을 적어내야 했습니다. 강의 속 질문들이 정말 나를 위해서 고민을 많이 하고 답을 내야 하는 것들이었습니다.

그러다 선물로 받게 된 1대 1 컨설팅을 통해 이런 말을 듣게 되었습니다. "강의를 취미로 하실 건가요?" 가뜩이나 시간 없는데 계속 시간만 쓰고 돈도 안 되게 강의하는 저에게 딱 필요한 말이었습니다. 그리고 제 상황에 맞는 솔루션을 주셨습니다.

지금까지처럼 모든 사람을 대상으로 하는 게 아니라 내 강의를 필요로 하는 대상을 좁혀서 집중할 수 있었고, 그들에게 맞는 강의 방향을 정할 수 있게 되었습니다. 그러자 커리큘럼이나 제목, 멘탈 관리 등 실제 강의에 바로 도움이 되었습니다. 1억치트키 님의 강의를 듣고 새로 만든 제 강의의 커리큘럼을 보고 바로 강의를 신청해주신 분도 꽤 있었습니다.

강사가 되기 위해 많은 강의를 들었지만, 다른 강의에서는 정말 필요한 부분을 알려주지 않아 너무 답답했는데, 1억치트키 님을 만나 생각의 전환을 할 수 있게 되어 정말 감사하게 생각합니다.

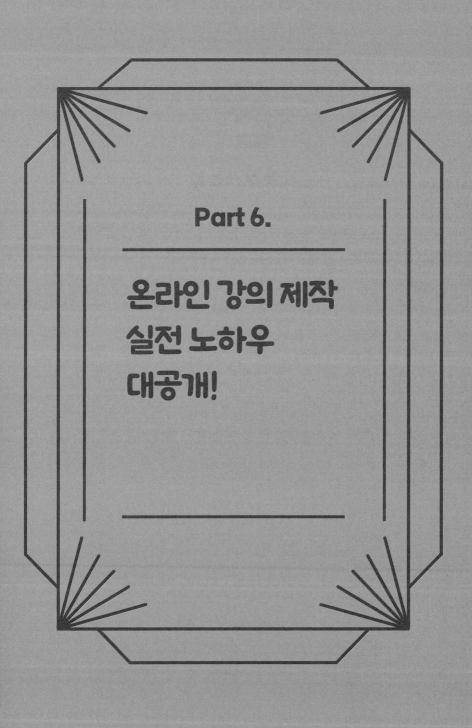

Part 6.

온라인 강의 제작 실전 노하우 대공개!

대본 잘 쓰는 법

온라인 강의 영상을 만들려고 할 때 가장 부담스러운 부분이 바로 영상 촬영이다. 아무리 준비해도 준비가 덜 된 거 같고, 부족한 것 같아 불편하다. 그래서 조금 더 쉽게 그리고 조금 더 효율적으로 강의 영상 만드는 방법에 관해 설명하겠다.

좋은 퀄리티의 영상이 나오려면 뼈대에 해당하는 커리큘럼을 야무지게 만들어야 하고, 그에 맞는 알찬 대본 역시 중요하다. 대본을 그냥 죽죽 쓰면 시간도 오래 걸리고, 앞뒤로 다른 이야기를 하기도 쉽고, 무슨 말을 하고 싶은 건지 명확하지 않을 때도 있다.

강의 내내 일관적으로 논리 있게 말하기 위해 대본을 쓰는 것인데, 이렇게 쓸 거면 차라리 쓰지 않는 게 시간도 절약하고 좋을 것 같다.

나는 대본을 쓸 때 뼈대 먼저 쓰고, 살을 붙이는 방법으로 작성한다. 이렇게 하면 빠르고 쉽게 쓸 수 있다.

대본 뼈대 작업은 다음과 같이 한다. 우선 맨 위에 이 강의에서 수강생들이 무엇을 얻어가야 하는지에 관한 강의 목표를 적는다. 그게 강의의 지향점이다. 그리고 그 목표로 향하는 여정에 처음, 중간, 끝을 정해 놓고 각각에 해당하는 소주제, 사례, 근거를 1~3개씩 넣는다.

이렇게 해두면 앞뒤 흐름이 자연스럽고, 나 자신도 내가 무슨 말을 하는지 한눈에 보기가 쉽다. 이렇게 뼈대를 잡고 각각 3~4줄씩 내용을 써서 대본을 완성한다.

⟨예시⟩
강의 목표 : 시작의 두려움 깨기

처음 : 시작은 누구나 다 어렵다
　① 대단한 사람의 경험
　② 내 경험
　③ 수강생의 경험

중간 : 극복하면 놀라운 일이 펼쳐진다
　① 극복한 사례 1
　② 극복한 사례 2
　③ 극복한 사례 3

끝 : 당신도 할 수 있다

① 두려움 극복을 위해 해볼 수 있는 방법 1

② 두려움 극복을 위해 해볼 수 있는 방법 2

③ 용기의 말

대본에서 중요한 건 시작과 끝이다. 사람들은 맨 처음과 마지막을 가장 잘 기억하기에, 강렬하게 시작하고 여운 있게 끝맺는 게 중요하다. 그래서 도입부는 고객들이 가진 문제점을 언급해주거나, 해결되었을 때의 모습을 질문하시면서 시작하면 주목을 끌 수 있다.

〈예시〉

"혹시 ~~하지 않으세요?"

"여러분, 혹시 이런 적 없으세요?"

그리고 강의를 끝낼 때는 수강생들이 이 강의가 자기에게 도움이 되었다고 느끼는 게 정말 중요하다. 강의를 제대로 해놓고 끝을 이상하게 하면 이상한 강의가 된다. 가끔 이런 식으로 마무리를 하는 분들이 계신다.

〈예시〉

"긴 시간 강의 들어주시느라 고생 많으셨습니다."

이 말을 듣고 수강생은 뭘 느낄까? '그래, 내가 고생했다' '수고했다' '길었다' '지루했다' 이렇게 느끼지 않을까? 괜히 강의의 매력을 떨어뜨릴 필요가 없다. 안 해도 되는 말이다. 차라리 뭐라도 겸손의 말을 하고 싶으면, 그냥 감사하다고 하자. 나는 강의 자체도 중요하지만 강의를 듣고 많이 배웠고, 알찬 시간이었다고 느끼는 것도 중요하다고 생각한다. 그래서 나는 이렇게 인사한다.

〈예시〉

"오늘 도움이 되셨나요? 어떤 게 도움되셨는지 궁금해요"
"오늘은 ~에 대해 배워보았고, 다음 시간에는 ~에 대해 배우겠습니다."

또 대본을 쓸 때는 꼭 입으로 소리를 내보아야 한다. 글로 쓰는 것과 말로 하는 건 엄청 다르다. 그런 고려 없이 일반 글쓰기 하듯 대본을 쓰면 굉장히 어색할 수 있다. 말의 끝이 항상 "~~합니다" "~~습니다" "~~입니다" 등으로 끝난다면 어떨까? 너무 딱딱하고, 지루하고, 어렵게 느껴질 것이다. 그래서 나는 "~다"와 "~요"를 적절히 섞어 쓰고, 중간중간 질문도 많이 해서 자연스럽게 들리도록 노력한다.

"번거롭게 그런 걸 뭐 하러 쓰나? 나는 그거 없어도 잘한다!" 하며 대본을 쓰는 게 불편한 사람도 있으리라 생각한다. 그런 분들은 전체를 다 쓰지 말고, 키워드 위주로 쓰셔도 된다. 하지만 이때도 강의 흐름이 이상하지 않고, 사람들이 쉽게 이해할 수 있을 정도의 키워드는 써 두고 강의하시는 것을 추천한다.

눈동자 굴러가는 걸
막아주는 효자템

 예전에 온라인 강의 영상을 만들 때는 대사를 외울 수 있을 만큼씩만 외운 다음 끊어서 녹화하는 방식으로 촬영하는 경우가 많았다. 아니면 대본을 통째로 외워 끊지 않고 한번에 촬영하거나 서브 모니터에 대본을 크게 써 놓고 따라 읽기도 했다. 아니면 아예 대본 없이 영상을 촬영한 적도 있었다.

 하지만 이 방법들은 조금씩 단점이 있었다. 조금씩 외워서 찍는 경우에는 한 번에 죽 이어지는 게 아니다 보니 목소리 톤이나 자세 등이 조금씩 달라서 편집하는 게 어려웠다. 강의 내용을 모두 외워 촬영하는 건 노력과 시간이 정말 많이 들었다.

 10분짜리 강의라도 대본 분량은 A4용지 2장이 넘는다. 내 머리로는 그걸 다 외우려면 그 자리에서 최소 100번은 읽어야 다 외워진다. 10분짜리 대본을 100번 읽으려면 1,000분, 즉 16시간이 넘게 필요하다. 거기다 맛깔나게 연기도 하려면 시간이 정말 많이 걸렸다. 그래서 이 방법 역시 효율이 낮았다.

또 서브 모니터에 크게 써 놓고 따라 읽으면 눈동자가 따라 움직이는 게 카메라에 아주 리얼하게 다 보이기도 했고, 자막 올라가는 속도와 내가 읽는 속도가 맞지 않아 불편하기도 했다.

그래서 프롬프터를 알아보았는데 10만 원부터 100만 원이 넘는 금액까지 다양하게 있었다. 요즘 같은 좋은 시대에 분명 무료로 사용할 수 있는 애플리케이션이 있으리라 믿으며 검색해보았다. 그리고 마침내 아주 좋은 애플리케이션을 발견했다. 내가 써본 여러 프롬프터 애플리케이션 중 가장 편리하다.

바로 '엘레간트 텔레프롬프터Elegant Teleprompter'라는 애플리케이션이다. 대본을 카카오톡 등 메신저에 옮긴 후 전체 복사를 하여 이 애플

실제 프롬프터 애플리케이션을 활용해 동영상 촬영하는 모습

리케이션에 붙여넣고 화면에 띄우면 카메라 위에 계속 떠 있어 대본을 읽어도 읽는 티가 거의 나지 않는다. 그리고 글자가 등장하는 속도를 조절할 수가 있어 내가 말하는 속도에 맞추어 자연스럽게 글자가 나타나게 할 수도 있다.

흡입력 있게
말을 잘하는 방법

아무리 대본이 좋고 보고 따라 읽을 수 있는 애플리케이션이 있어도, 강사가 표현을 이상하게 하면 강의 퀄리티는 확 떨어질 수밖에 없다. 어떻게 해야 수강생들이 강의에 빨려들어가도록 하면서 내용 전달을 분명하게 할 수 있을까? 그동안 강의하면서 터득한 몇 가지 방법을 공유하겠다.

첫 번째, 설명과 묘사를 구분한다. 설명은 최대한 정확한 발음으로 또박또박 하되, 묘사는 개그맨이나 배우처럼 보는 사람이 내용에 몰입되게 하려고 한다. 그 차이가 명확히 드러나도록 하여 강의에 반전 매력을 선사한다.

두 번째, 쉽게 말한다. 7세 어린이도 이해할 수 있는 수준으로 말하기를 권한다. 온라인 녹화 강의는 불특정 다수에게 하는 것이라 사람마다 이해 정도가 다르다. 그래서 최대한 쉬운 표현으로 말하려고 하고, 단어 역시 누가 들어도 똑같은 뜻으로 생각할 만한 단어로 말한다. 그리고 이러한 점은 대본을 쓸 때부터 생각하며 써야 한다.

세 번째, 강의를 한 편의 공연처럼 만든다. 나는 수강생들이 내 강의에서 지식뿐 아니라 에너지, 즐거움, 희망 등 많은 무형적인 자원도 받아가시길 원한다. 그래서 강의를 만든 후 빠른 속도로 돌려보면서 어디를 봐도 집중할 수 있도록 재밌게 만들려고 노력한다.

다섯 번째, 혼자 말하지 않는다. 혼자 떠드는 강의는 지루하다. 온라인 강의는 쌍방 소통이 어렵다고 해도 나는 화면 너머의 수강생들에게 계속 질문하고, 잠시 멈추고, 생각한 후 댓글로 답을 남겨달라고 말한다. 그렇게 수강생들이 생각하게 하고 참여하게 한다.

길이가 긴 강의라도 수강생이 참여하며 듣는 강의는 덜 지루하게 느껴지지만, 짧은 강의라도 강사 혼자 떠들면 수강생들은 굉장히 지루할 수 있다는 점을 꼭 기억하자.

여섯 번째, 직접 경험한 것만 이야기한다. 어디서 들은 이야기 혹은 책에서 본 내용은 말하지 않는다. 강사가 경험한 이야기를 해야 확신에 찬 목소리와 표정 그리고 눈빛이 나온다. 하지만 어디서 들어본 것을 전달하는 식으로 말하면 자신도 모르게 움츠러들게 되고, 이를 본 수강생들은 뭔가 이상하다고 느끼며 강사를 신뢰하지 못한다.

나는 내가 보고 들으며 느낀 것을 중심으로 정직하게 말한다. 그래서 내 강의에는 몇백 년 전 위인 이야기나 대단한 사람의 이야기가 거의 없다. 내가 일상에서 느낀 것, 직접 시행착오를 겪으며 배운 것, 직접 사례를 찾아보며 연구한 것 혹은 내 강의를 들었던 수강생 사례 등을 이야기한다. 이 강의에서만 들을 수 있는 이야기를 하는 것도 강의 차별화의 하나라고 생각한다.

일곱 번째, 사람 냄새가 나게 한다. 수강생들이 내 이야기를 듣고 같은 실수하지 않으시길 바라는 마음을 담아 그동안 했던 여러 가지 실수를 가감 없이 이야기한다. 그래서 가끔은 인상까지 쓰며 심각하게 말할 때도 있다.

그리고 자랑할 일 있으면 역시 열심히 자랑한다. 운이 좋았다며 얼버무리지 않는다. 노력해서 성장했으니 자랑 좀 해도 되지 않나? 그리고 누군가는 이를 통해 인사이트를 얻을 수 있다면 나는 계속 즐겁게 자랑할 생각이다. 수강생들에게도 자랑할 일이 있으면 시원하게 하시라고 말한다. 노력해서 만든 결과를 숨기는 것도 이상하고, 그저 멋있게 보이려고 포장하려다 보면 그게 더 어렵다고 생각한다.

여덟 번째, 입으로만 강의하지 않는다. 표정, 목소리, 숨소리, 몸짓 등 표현할 수 있는 방법은 모두 사용하며 말한다. 강의 중에 나를 행복하게 하는 어떤 것을 이야기하면 온몸으로 행복함을 나타내면서 이야기한다. 그렇게 해야 수강생들도 더 생생하게 느낄 수 있다.

또 그렇게 온몸으로 표현해야 청력이 불편한 분들이 내 강의를 보아도 자막과 내 표정, 몸짓 등을 보면서 함께 강의의 생생함을 느끼실 수 있으리라고 생각한다.

카메라, 조명, 마이크

강의를 오래 하신 강사 중에는 강의 내용만 좋으면 됐지 보이는 게 뭐가 그리 중요하냐고 하는 사람도 있다. 사실 나도 그렇게 생각했었다. 그런데 한 영상 편집자의 말을 듣고 생각이 바뀌었다.

"영상이니까 보이는 게 당연히 중요하죠. 그게 아니면 음성으로 듣지 뭐하러 영상으로 보겠어요?"

들었을 당시에는 머리를 한 대 맞은 것 같았다. 생각할수록 맞는 말이었다. 그럼 강의를 어떻게 촬영해야 한다는 걸까? 엄청 화려하게 꾸미며 촬영해야 하는 걸까? 그런 것보다 기본을 지키는 게 가장 중요하다고 생각한다.

내가 생각하는 영상의 기본은 밝은 화면과, 깔끔한 화질과, 음성 그리고 신뢰감 있는 강사의 모습이라고 생각한다. 이것만 지켜도 최소한 영상이 별로라고 수강생에게 욕먹지는 않는다.

강사가 아무리 멋진 강의를 해도 화면이 어둡게 나오거나 화질이 떨어진다면 강의의 매력이 반감될 수밖에 없고, 수강생의 집중력과 만족도 역시 떨어진다.

이는 강의 퀄리티에 관한 의심으로 연결될 수 있고, 강사에 대한 호감도도 낮아지게 된다. 굳이 이러한 부정적인 경험을 줄 필요가 없다. 이러한 기본을 지키는 일은 그렇게 어렵지 않으니, 이 부분 꼭 신경 써서 하시길 바란다.

나는 이 기본을 지키기 위해 강의 영상을 촬영할 때는 꼭 조명을 켜고 촬영한다. 1대만 켜고 할 때도 있고 2대를 켜고 할 때도 있는데, 1대의 조명으로 촬영할 때는 카메라 뒤에 조명이 있어야 화면이 예쁘게 나온다. 2대로 촬영할 때는 나를 중심으로 시계 10시 방향과 2시 방향에 조명을 설치한다. 그러면 빛이 내 얼굴 양쪽을 다 비추어 화면이 예쁘게 나온다.

그리고 같은 조명 밝기로 촬영해도 낮에 촬영하는 게 훨씬 밝게 잘 나온다. 그래서 이왕이면 촬영은 해가 지기 전에 하는 게 좋고, 어렵다면 암막 커튼이라도 달아 낮과 밤의 밝기 차이가 크게 나지 않게 하면 좋다.

나는 스마트폰 기본 카메라 애플리케이션으로 모든 강의 영상을 촬영하는데, 좋은 화질을 위해 카메라 설정을 'FHD 1920×1080'으로 맞추어 촬영한다. 내가 쓰는 스마트폰은 갤럭시인데, 동영상 촬영 모드일 때 화면을 꾹 누르면 사람이 움직여도 초점이 자동으로 맞추어지도록 설정할 수 있어 꼭 그 기능을 설정해두고 촬영한다. 그렇지 않으면 잘 찍은 것 같아도 촬영 후 보면 영상이 뿌옇거나 화면이 한번씩 흔들리게 나오는 경우가 있다.

예전에는 영상에 더 예쁘게 나오고 싶은 욕심에 보정 애플리케이션을 사용해 촬영한 적이 있었다. 결론적으로 얼굴은 예쁘게 나왔지만, 그때 촬영한 강의 영상은 모두 쓸 수가 없었다. 왜냐하면, 뒤에 배경이 흔들려서 계속 보면 어지러웠고, 화질도 좋지 않았기 때문이다. 그러니 일반 카메라로 촬영해도 충분히 영상이 잘 나오니 욕심을 부리지 않으셨으면 좋겠다.

깔끔한 음성도 중요하다. 요즘은 이동 중에 강의를 듣는 수강생도 많기에 정확한 목소리로 내용이 잘 전달되어야 한다. 그래서 나는 촬영용 휴대전화와 녹음용 휴대전화 이렇게 2대를 사용해 강의 영상을 촬영한다.

녹음에는 마이크를 사용하는데, 휴대전화에서 녹음하기에 휴대전화에 꽂을 수 있는 마이크를 쓴다. 내가 사용하는 건 '보야 마이마이크'인데 고가의 장비보다 1~3만 원짜리도 충분하다고 생각한다.

휴대전화에 기본으로 탑재된 음성 녹음 애플리케이션을 사용해 녹음하고, 편집점을 쉽게 잡기 위해 시작할 때 손뼉을 한번 친다. 마이크를 옷에 부착하면 작은 소리도 영상에서는 아주 크게 들릴 수 있으니, 말을 할 때는 되도록 머리카락을 넘기는 등의 행동을 하지 않는 게 좋다.

수강생들에게 신뢰감 있는 모습으로 보여야 수강생들이 안심하고 학습에 집중할 수 있다. 이는 내 강의를 구매한 분들에 대한 예의이고 배려라고 생각한다.

강사가 술에 취한 듯 보이거나 뭔가 사적으로 복잡한 문제가 있는 듯 보이면 수강생은 '내가 강의를 잘못 선택한 건 아닐까, 이런 사람이 제대로 가르칠 수는 있을까' 걱정되고 의심한다. 배우고 성장하기 위해 강의를 듣는 것이지 괜한 걱정이나 불쾌감을 느끼려고 강의를 수강하는 게 아니니 신뢰감을 주어야 한다.

이를 위해 나는 단색에 카라가 있고 무늬는 없는 옷을 입는다. 한 번은 줄무늬 옷을 입고 찍었다가 깜짝 놀란 적이 있었다. 눈으로 볼 때는 예쁘고 날씬해보이는 줄무늬 옷이 화면에서는 줄무늬 한줄 한 줄이 움직이는 듯 보여 굉장히 어지러웠다.

이후 내 얼굴빛에 잘 어울리는 단색 상의를 입고 소매를 걷는다. 소매를 걷는다는 건 여유의 표시이다. 내 강의를 믿고 따라오셔도 된 다는 자신감을 보여드리는 것이다. 그럼 수강생들은 학습에만 집중할 수 있다.

또한 신뢰감이 느껴지고 집중도가 높은 영상을 위해 정돈된 배경에서 강의 영상을 촬영한다. 깔끔한 흰 배경이나 화분 몇 개 정도 있는 배경 혹은 깔끔한 책장 배경이면 무난하니, 너무 어렵게 생각하지 않으셨으면 좋겠다.

그리고 주로 앉아서 촬영한다. 서서 촬영하면 아무래도 부산스러워질 수 있기에 앉아서 촬영하는 걸 선호한다. 이때는 화면에 가슴 아래 정도까지 나오면 무난한데, 최대 배꼽 위치까지만 나오게 하면 수강생들이 영상을 보기에 편안하다.

예전에는 이런 포인트를 몰라 얼굴만 크게 강조되는 유튜브 영상을 촬영한 적도 있는데, 그러면 보는 사람이 부담스럽다. 반대로 카메라를 너무 멀리 두고 촬영하면 앉아 있는 다리 모양까지 화면에 다 나와서 영상이 예쁘지 않다. 촬영하는 강사도 다리를 계속 모으려니 힘들고, 영상을 보는 수강생도 자막을 보려면 어쩔 수 없이 강사의 다리를 계속 보게 되어 서로 좀 불편해진다.

쉬운 영상 편집 방법

온라인 강의 시작을 두렵게 하는 이유 중 하나가 영상 편집이다. 고백하자면, 나도 편집은 모른다. 내가 하는 영상 편집은 컷 편집과 자막 넣기가 전부라 정말 간단하다. 그래도 내 강의에 대한 수강생의 만족도는 99~100%로 상당히 높다.

영상 편집 방법은 조금만 찾아보면 유튜브에서도 다 배울 수 있다. 나도 유튜브에서 배웠다. 나는 프리미어 프로를 쓰는데, 10분도 되지 않는 영상으로 사용 방법을 익힐 수 있었다. 물론 내가 다른 기능을 쓰지 않으니 가능하기도 하다.

이처럼 기능은 금방 배울 수 있다. 하지만 나는 그것보다 영상 중 어디를 어떻게 살려야 하는지, 어떻게 해야 시간을 효율적으로 쓸 수 있는지가 중요하다고 생각한다. 편집은 어려워서 힘들다기보다 오래 걸려서 힘든 것이다. 초보자가 편집에 시간이 오래 걸리는 이유는 봤던 내용 보고 또 보고, NG인 줄 모르고 다 편집했다가 뒤에 또 NG가 있어 이미 편집한 부분 중 다시 또 없애야 하는 부분을 작업하는 등 불필요하게 쓰이는 시간이 많아서 그렇다.

거기다 편집하면서 어떤 효과 줄까 생각하고, 생각난 거 하려고 이 것저것 찾고, 하나씩 추가하다 보면 또 오래 걸린다. 나는 그런 게 너무 힘들었다. 5분짜리 영상 하나 편집하는데 거의 하루가 걸렸다. 그래서 이 비효율을 좀 줄여보려고 컷 편집 원칙을 정해두었다. 이 원칙들만 기억하고 편집해도 시간을 반 이상 줄일 수 있다.

첫 번째, 주제는 한 문장으로 적고 관련 장면만 강조 효과를 준다. 10분짜리 영상이라면 큰 주제가 하나 있고, 그 주제에 포함되는 소주제들이 있을 것이다. 그런 부분만 강조하고, 나머지는 아무 효과도 주지 않는다.

처음 영상 편집을 할 때는 멋지게 하고 싶은 마음에 모든 부분에 화려한 효과를 주기 쉬운데, 그러면 보는 사람은 이 강의 내용 중 무엇이 핵심인지 알기가 어렵다. 그러면 강의가 재밌기는 했는데 뭘 배웠는지는 기억하지 못하는 상황이 발생할 수 있다.

두 번째, 음성이 없는 부분은 전부 자르고 시작한다. 오디오를 직접 들으며 내용에 맞추어 자르는 게 아니라, 일단 오디오 부분에서 공백이 있는 부분은 자르고 시작한다. 전체적으로 소리가 없는 부분 먼저 잘라내면 나중에는 다듬기만 하면 되니까 훨씬 빠르게 편집할 수 있다. 미용실에서 긴 머리카락을 단발 머리카락으로 자를 때, 헤어 디자이너가 일단 싹둑 자르고 세밀하게 작업하는 것과 같은 원리라고 생각하면 된다.

빨간색 동그라미로 표시한 부분이 음성이 없는 공백 부분

세 번째, 누군가에게 상처가 될 수 있거나 논란이 되는 부분은 삭제한다. 내 생각이 맞는 것 같아도 당사자가 아니거나, 그 상황을 겪어보지 않으면 알 수 없는 것들이 있다. 그래서 그런 부분은 아무리 언변이 화려하고 영상이 멋있어도 대부분 삭제한다.

네 번째, 이야기가 끝나면 전체를 싹 한 번 요약 정리한다. 그렇게 하면 중간에 집중력 잃었던 분도 한 번에 정리가 되기에, 조금이라도 더 얻어가실 수 있도록 키워드로 정리해둔다. 나는 이게 수강생을 위한 배려라고 생각한다. 이 원칙들만 지켜도 깔끔한 강의 영상을 굉장히 빠르게 만들 수 있으니 꼭 해보시기 바란다.

자막은 'vrew'라는 애플리케이션을 사용하면 쉽게 편집할 수 있다. 예전에는 영상 속 내용을 듣고 직접 타자를 쳐서 넣는 작업을 많이 했는데, 이제는 AI가 그 작업을 대신해주어 자막 작업 시간을 상당히 줄일 수 있다. 이 애플리케이션에서 변환해주는 자막이 약 70~80% 정

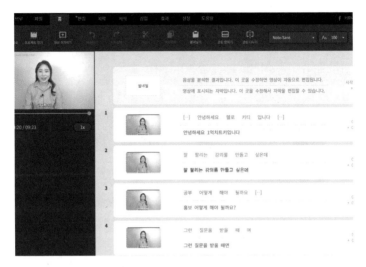

동영상의 음식을 자막으로 바꿔주는 vrew

도는 일치하는 듯하니, 조금씩 틀린 부분만 잡아주면 된다.

마지막으로 네이버에서 '한글 맞춤법 검사기'라고 검색해서 나오는 사이트에 자막을 붙여넣고, 틀린 부분이 없는지 확인한 다음 영상을 온라인 강의 플랫폼에 업로드하면 된다. 이 작업은 좀 귀찮긴 하지만 그래도 꼭 하시길 추천한다.

왜냐하면, 맞춤법을 틀리면 기본적인 수준도 되지 않는 강사라고 생각하는 사람이 제법 많다. 그러니 잘 만든 강의에 옥의 티를 남기고 싶지 않다면 꼭 맞춤법 검사를 해보길 바란다.

얼굴 없이
온라인 강의 촬영하는 법

온라인 강의를 하고 싶어도 사정상 얼굴 노출이 어려운 사람도 계실 듯하다. 그런 분들은 어떻게 해야 할까? 예전에는 강의에 얼굴이 나오지 않으면 PPT로 가득한 영상을 보는 게 당연했었다. 지루하지만 어쩔 수 없으니 보아야 하는 경우도 많았다.

하지만 지금은 유튜브의 영향 덕분에 훨씬 더 자유롭고 창의적인 방법으로 얼굴을 노출하지 않고도 강의를 할 수 있다.

첫 번째, 손으로 그린 듯한 효과를 내거나 2D로 만드는 등 영상을 애니메이션으로 만드는 것이다. 손으로 그린 듯한 효과를 주는 작업 방식은 '두들리www.doodly.kr'라는 사이트에서 가능하다. 외국 사이트이지만 한국어 지원이 되니 편하게 사용할 수 있다.

다양한 배경과 다양한 손 모양, 엄청나게 많은 캐릭터와 소품, 그리기 경로 지정, 배경 음악 제공, 나래이션 녹음까지 지원되기에 이 사이트의 기능만으로도 충분히 얼굴 없이 강의 영상을 만들 수 있다.

손으로 그리는 효과를 주는 표현하는 두들리

또 2D 애니메이션도 강의에 쓸 수 있는데, 이러한 작업은 '비욘드 www.vyond.com'에서에서 할 수 있다. 영어 사이트이지만, 각 인터넷 창에서 제공하는 '(마우스 오른쪽 버튼을 클릭하면 나오는) 한국어로 번역하기'를 누르면 읽을 수 있을 정도로 번역되니 너무 걱정하지 않아도 된다.

이 프로그램이 좋은 이유는, 그림을 직접 그릴 필요 없이 템플릿으로 되어 있으니까 상황에 맞는 템플릿을 골라 내용을 넣기만 하면 만들 수 있어서 좋다. 익숙해지면 10분짜리 영상 하나를 하루도 걸리지 않고 만들 수 있다. 보통 이런 작업을 외부 전문가에게 맡기면 기한은 1주일 정도 걸리고, 비용도 1분에 10만 원 내외로 든다. 하지만 이

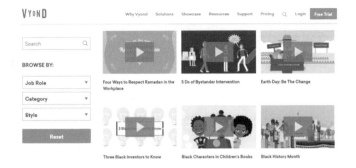

다양한 템플릿으로 영상을 빠르게 만들 수 있는 비욘드

프로그램을 사용하면 그러한 부담을 덜 수 있다.

두 번째, 음성 녹음에 사진이나 영상을 입히는 방법도 있다. 먼저 음성 녹음을 한 후 음성이 비는 부분 등은 편집한 다음, 무료 이미지와 동영상을 받을 수 있는 사이트에서 음성에 맞는 내용을 불러와 음성 길이에 맞추어 약간씩 편집하면 된다. 나는 '픽셀스www.pexels.com'라는 사이트를 활용한다.

이때 경험상 녹음을 먼저 해놓으면 편하다. 왜냐하면, 이렇게 해야 빠르기도 하고 자연스럽기 때문이다. 반대로 영상을 먼저 만든 후 영상에 말을 맞추려고 하면, 영상 재생 속도에 맞추어 말해야 하기에 엄청 힘들다. 게다가 어떤 부분은 엄청 빨라지고, 어떤 부분은 일부러 시간을 끌어야 할 수도 있다.

세 번째, 모니터 화면을 녹화하는 방법도 활용하면 좋다. 이는 강사가 보는 화면을 수강생들에게도 보여주면서 설명할 때 잘 쓰는 방법이다. 'ocam'이나 'obs' 같은 프로그램들을 쓰면 얼굴을 꼭 보여주지 않고도 강의할 수 있다. 이때 컴퓨터로 녹화한 음성의 음질은 좋지 않을 수 있으니, 마이크를 사용해 다른 기기에서도 같이 녹음하기를 추천한다.

네 번째, 얼굴에 스티커 등을 붙여 가릴 수도 있다. 촬영은 그대로 하고, 영상을 편집할 때 얼굴 위치에 예쁜 이미지나 캐릭터 등을 입히는 방법이다. 나는 '뱁믹스www.vapshion.com'라는 프로그램을 활용한

편집을 쉽게 만들어주는 사이트 뱁믹스

다. 예쁜 이미지가 많으니 적절하게 골라서 쓰면 된다.

다섯 번째, 몸통과 손만 나오게 찍는 것도 요즘 많이 사용하는 방법이다. 몸통만 나오도록 촬영하려면, 카메라를 어깨 아래쪽만 나오도록 촬영하면 된다. 이때 카메라를 목 아래 부분만 나오도록 바로 맞추면 목이 잘린 것 같이 보이니, 어깨부터 나오게 하면 된다. 그냥 몸통만 나오면 좀 이상하니, 앞에 노트북 같은 것이라도 두어 시선이 분산되도록 하면 좋다.

그리고 카메라를 위에서 아래 방향으로 찍어 손만 나오게 촬영하

는 방법은 작업 과정을 보여주는 강의에서 많이 쓰는 방법이다. 오른손을 주로 쓴다면 작업 영상을 촬영할 때 카메라가 손보다 왼쪽에 있어야 강사가 무엇을 하는지 잘 보이니 손등 쪽에서 촬영하지 않도록 주의해야 한다.

작업하는 모습을 보려고 강의를 수강하는데, 작업하는 과정이 잘 보이지 않는 예도 있다. 그러면 바로 수강생 컴플레인으로 이어지기 쉽다. 손만 나오는 분들은 손이 전체적으로 깔끔하게 나올 수 있게 손톱이나 큐티클 등에 좀 더 신경 쓰면 좋다.

손톱이 더러우면 괜히 손톱에 신경 쓰이고, 아무래도 지저분해 보인다. 특히 음식 만드는 강의를 한다면 더욱더 철저히 신경 써야 한다. 또한 과한 네일아트나 너무 많은 액세서리 착용도 좋지 않다. 조리 과정에서는 꼭 위생 장갑을 손에 씌우고 작업해야 보는 사람이 비위생적이라거나 혐오스럽다는 생각을 하지 않는다.

여섯 번째, 가면 쓰고 찍는 방법도 있다. 가면은 인터넷 쇼핑몰 등에 많이 파니, 취향에 맞고 강의하는 데 써도 적절한 것을 찾아 사면 된다. 시중에서는 쉽게 살 수 없는 특이한 가면이 필요하다면, 국립극장 혹은 지역 행사 담당자 등에게 연락해 소품을 빌릴 수 있는지 물어보자. 나는 이렇게 연락해 30만 원 상당의 옛날 갑옷과 활을 무료로 빌려 활용한 적도 있다.

또 '코스튬 대여'라고 검색하면 유료로 빌려주는 업체도 많이 있는데, 이곳은 정말 다양한 소품이 있으니 관심 있는 사람이라면 직접 매장을 방문해서 착용해보시는 것도 좋을 것 같다.

가면을 쓰고 강의한다면 목소리에 특히 더 많이 신경 써야 한다. 아무래도 웅얼거리게 들릴 수 있기에 마이크를 입에 최대한 가까이 대고 말해야 하고, 가면 때문에 부스럭 소리가 많이 들어갈 수 있으니 몇 번씩 테스트하면서 마이크 위치를 잘 맞추어야 한다.

이렇듯 얼굴이 나오지 않고도 온라인 강의를 만들 수 있는 방법은 다양하다. 그러니 얼굴 부담 때문에 못 한다는 이야기는 일단 넣어두시길 바란다.

무뇌 실행하자

한 달에 1,000만 원 이상 버는 수강생들에게는 다음과 같은 특징이 있다. 무뇌 실행, 즉 바로 강의에서 배운 내용을 엄청나게 빨리 실천한다는 것이다. 이분들은 마치 뇌가 없는 것처럼 이거저거 재고 따지지 않고 그냥 행동한다.

이 무뇌 실행을 정말 잘했던 수강생 이야기를 해보고 싶다. 이분은 어린 아이 둘을 키우며 시부모님을 모시고 사는 주부였다. 토요일 밤 10시, 이분에게 그동안 한 번도 해본 적 없는 일인, 유튜브에 영상을 만들어 올리라는 숙제를 냈다. 보통 사람들은 자고 다음 날 하겠지만 그녀는 달랐다. 일요일 새벽 5시에 어설픈 영상을 보내왔다. 처음 하는 유튜브를 편집까지 해서 보냈다는 건 밤을 새웠다는 얘기였다. 일요일 아침 몇 번의 피드백을 거친 후 오전 10시에 올릴 수 있었다.

그렇게 한 번 해봤으므로 2번째, 3번째 영상은 훨씬 더 쉽게 올릴 수 있었다. 그녀는 매일 영상을 올렸고, 한 달이 됐을 때는 28개의 영상이 올라가 있었다. 그리고 그 영상을 보고 온라인 강의가 팔렸고, 불과 1개월 만에 500만 원의 수입을 만들었다.

그녀와 다른 사람들의 차이는 무엇이었을까? 바로 속도다. 생각하지 않고 바로 했던 행동이 남들과 전혀 다른 결과를 만든 것이다. 다른 사람들도 똑같이 숙제를 받았지만 바로 하지 않았다. 다음 날 오후 늦게 일어나(일요일이니까) 빈둥거렸다.

그러다 새로운 한 주가 시작되고 '이제 숙제 좀 해볼까' 했지만, 생업을 하면서 처음 하는 유튜브를 하는 건 쉽지 않다. 결국 아무것도 하지 않은 채 토요일 수업 날은 돌아오고, 새로운 진도를 나가게 된다. 이전 숙제도 안 했는데, 새로운 숙제를 잘할 수가 없다. 그래서 대부분은 또 숙제를 안 한다. 그렇게 1주, 2주 지나면서 차이가 생기기 시작한다.

실행 속도가 빨랐던 수강생은 남편 월급보다 많은 돈을 1개월 만에 벌 수 있었고, 1년도 되지 않아 억대에 가까운 월수입을 만들 수 있었다. 이게 내가 무뇌 실행을 강조하는 이유다. 빨리 행동해야, 빨리 돈 번다.

강의 경력 20년이면 도전할 게 없다고요?
아니요! 다시 시작입니다, Sally 님

• 네이버 블로그_점수로 바로 통하는 통쌤영어

Q.온라인 강의를 시작하실 때의 심정과 상황이 어떠셨어요?

오프라인 강의를 20년 넘게 해오고 있었습니다. 많은 수업을 하기에는 점점 체력적인 한계를 느꼈었죠. 새로운 강의 방법을 찾아야 했지만, 어디서부터 어떻게 시작해야 할지 막막하기만 했습니다.

Q.온라인 강의를 하게 되면서 찾아온 삶의 변화가 궁금합니다.

1억치트키 님의 강의를 들으면서 그 막막함이 '나도 할 수 있겠구나!'라는 자신감으로 바뀌었습니다. 도전한 지 한 달 만에 반응이 오기 시작했고, 온라인으로 다양한 지역의 학생들과 만나게 되었습니다. 지금은 양질의 수업을 할 시간과 체력을 확보했을 뿐만 아니라 앞으로 어떤 도전이든 해낼 수 있다는 자신감도 얻었지요.

Q. 당신에게 온라인 강의란 어떤 의미인가요?

저에게 온라인 강의란 '다시, 봄'이란 표현이 맞을 것 같아요. 온라인이라는 새로운 무대에서 생명이 탄생하는 봄처럼 활기차고 즐겁게 수업하고 있으니까요.

그리고 다른 의미로는 온라인 강의를 통해 저 자신을 '다시 봄'으로써 앞으로의 도전에 관해서도 자신감을 가지게 되었습니다. 1억치트키 님과 같은 훌륭한 선생님을 만나니 저는 참으로 할 수 있는 것이 많은 사람이었습니다.

온라인 강의를 하고는 싶지만 여러 이유로 망설이시는 분이 많습니다. 성공한 여러 선생님의 스토리를 보며, 하고 싶지만 선뜻 도전하지 못하고 계실 거예요. 1억치트키 님의 노하우를 그냥 따라가 보시기를 강력하게 추천합니다! 불필요한 체력 소모 없이, 시간적·공간적 제약 없이 만족도 높은 온라인 수업을 하는 자신을 발견하게 될 거예요!

Q. 마지막으로 하고 싶은 나만의 이야기를 편하게 남겨주세요.

제가 이런 글을 쓸 수 있다는 것이 신기할 뿐이에요. 온라인 강의를 시작한 자신감으로 공저 작가로 책까지 낼 수 있었던 것 같습니다. 다시 한번 1억치트키 님께 감사의 말씀 드립니다.

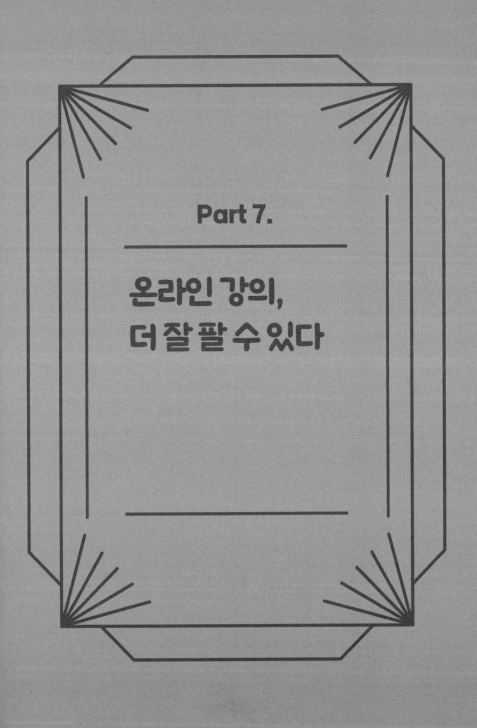

Part 7.

온라인 강의,
더 잘 팔 수 있다

판매를 촉진하는
실전 전략 3가지

얼마 전 아이 교육 관련으로 영업 전화가 왔다. 마침 필요했던 내용이라 반가웠다. 그런데 통화가 길어질수록 듣기 싫어졌고, 하고 싶던 마음도 사라졌다. 분명 필요했었는데 내가 왜 그랬을까 생각을 했더니 다음과 같은 이유가 있었다.

우선 내 이야기는 듣지도 않고, 지금이 가장 저렴하다고 빨리 결제해야 한다는 말을 지나치게 강조했다. 심지어 내가 결제하겠다는 말도 하지 않았는데 어떤 방식으로 결제할 것인지까지 묻고 있었다. 그런 서두름과 강요가 너무 불편했다. 그냥 빨리 끊고 싶었다.

글로 쓰인 상세페이지나 이메일도 마찬가지다. 신청하라고 종용하는 말투, 엄청나게 많은 신청 버튼, 지금이 가장 저렴할 때라며 빨간

색으로 강조 표시를 남발한 상세페이지나 이메일이 참 많다.

그렇게 작성하면 결제가 많이 이루어질 거라 생각하겠지만, 사람들은 그럴수록 더 빨리 창을 닫아버리거나, 메일을 삭제한 후 이메일주소는 스팸메일로 처리한다. 그러니 우리는 이와 반대로 하면 예비고객들로부터 판매를 유도할 수 있다. 이를 위해 내가 온라인 강의를 판매할 때 꼭 챙기는 3가지를 공유하려고 한다.

첫 번째, 고객들이 스스로 선택하도록 한다. 고객들이 정말 필요로 하는 것과 원하는 것을 파악해서 그것을 보여주고, 선택은 스스로 하게 해야 한다. 이때 중요한 점은 넌지시 보여주고 필요를 느끼게 하는 것이지, 강요하거나 몰아붙이지 않아야 한다.

그래서 고객들이 각 차이점을 충분히 이해하도록 만들어 두고, 선택지를 최대 3개 정도만 제공해 스스로 선택할 수 있게 한다. 선택지를 최대 3개 정도만 제공하는 이유는, 선택지가 너무 많으면 정신이 없고 피로해지기 쉽기 때문이다.

심지어 '컨설팅 날짜 정하기' 같은 사소한 일도 수강생에게 선택권을 넘긴다. 예를 들어, "7월 21일 3시 어떠세요?"라고 말해 내 스케줄 위주로 일정을 잡는 게 아니라 "7월 21일과 23일 중에 가능한 날짜 있으세요?"라고 질문해 수강생이 선택할 수 있게 한다.

나도 컨설팅을 많이 받아보았는데 이 별거 아닌 차이로 만나기도 전에 기분이 팍 상하는 사람도 있고, 배려받는 것 같아 기대감이 높아지는 예도 있었다.

두 번째, 노력과 돈 그리고 시간 등을 투입한다. 현장에서 고객은 관심 없는데, 파는 사람은 어떻게든 팔고 싶어 매달리는 모습을 자주 본다. 그걸 본 고객은 어떻게 느낄까? 그들의 연락과 선물 및 각종 할인이 고맙다기보다 귀찮게 느껴져 부담스럽고 피하고 싶을 듯하다. 동상이몽도 이런 동상이몽이 없다.

사람은 자신의 노력과 돈, 시간 등이 들어가야 귀하다고 느끼고 매달리게 된다. 지금이라도 손을 떼면 피해를 최소화할 수 있는데도 '내가 들인 시간이 얼만데?' '내가 지금까지 들인 노력이 아까워서라도 포기 못 해!' '내가 돈을 얼마나 쏟아부었는데!' 하며 포기하지 못하는 경우가 있다. 이건 다 같은 이유이므로 이런 심리를 판매에 활용할 수 있다.

나는 강의를 홍보할 때 "여기 있는 후기를 다 보시고 나서, 강의가 정말 도움이 되겠다 싶으시면 그때 수강 신청을 해주세요"라고 하거나 "강의 듣기 전에 제가 유튜브에 올리는 무료 정보를 10편 정도 보고 결정하셔도 늦지 않아요"라고 말한다. 바로 노력이든, 시간이든 들이게 하는 것이다.

그러면 사람들은 강의를 선택할 때 다른 온라인 강의와 비교해보려는 고려도 하지 않게 된다. 이미 들을 강의를 알아보기 위해 쓴 시간과 노력 등이 있기 때문이다. 그리고 그 내용도 좋으면 볼수록 '와, 이 강사님 찐이네! 대단하다! 이분에게 배워야겠어!'라는 마음이 들기 마련이다. 그렇게 후기를 읽고 유튜브를 본 후에 하게 될 고객의 행동은 무엇일까?

나도 얼마 전에 어떤 분의 강의를 커리큘럼이나 상세페이지를 꼼꼼하게 읽지 않고 바로 결제했다. 결제가 완료되었다는 메시지를 보자마자 내 모습에 깜짝 놀랐다. 예전 같으면 모든 페이지를 꼼꼼하게 다 읽고도 바로 결정하지 않고 뭉그적대기 일쑤였는데, 그때는 '내일 오픈합니다!'라는 광고가 뜨자마자 바로 결제를 했던 것이었다. 내용도 대충 보고 말이다.

물론 그동안 그분의 유튜브를 꾸준히 보았기에 다른 강의는 아예 고려 자체를 하지도 않았었고, 굳이 다른 강사의 강의를 들으며 그 강의 스타일에 적응하는 것도 피곤해 그냥 여기서 들어야겠다고 생각한 게 가장 크긴 했다. 이것도 위에서 설명했듯, 내 노력이 들어갔다 보니 굳이 다른 강사의 강의와 비교조차 하지 않았던 것과 같다.

세 번째, 수강생들이 강의를 듣기 전부터 이미 강사인 나를 대단한 사람이라고 믿게 한 후 강의를 듣도록 해야 한다. 우리가 법적으로 굉장히 불리한 상황에 부닥쳐 변호사를 찾아가거나, 갑작스러운 사고로 가족이 다쳐 의사를 만난다면 우리는 어떤 자세로 그들의 이야기를 들을까? 팔짱을 끼고 '그래, 어디 얼마나 잘 아나 들어 보자' 같은 자세로 들을까, 아니면 의자를 바짝 당겨 앉은 후 한 마디도 놓치지 않으려고 경청할까? 당연히 후자일 것이다.

이는 그 사람이 내 문제를 해결해줄 수 있는 대단한 사람이라고 생각했기에 그러한 자세가 나오는 것이다. 온라인 강의를 할 사람도 그렇게 되어야 한다. 왜냐하면, 우리도 우리 분야에서만큼은 수강생들의 문제를 해결하는 문제 해결자이기 때문이다.

그럼 어떻게 하면 강사인 나를 수강생들이 대단하다고 생각해 믿고 오게 될까? 강의 전에 내 유튜브 영상을 보고 오게 하거나, 내가 쓴 책을 보고 오게 하거나, 그동안 쌓인 지난 수강생들의 후기와 뉴스 기사, 방송 출연 당시 화면, 각종 인터뷰 영상 등을 보고 오게 하면 도움이 된다.

이렇듯 각종 자료를 보는 동안 수강생들은 점차 강사의 생각에 공감하게 되고, 다양한 사례를 보며 이 강사가 자신의 문제를 해결할 수 있는 사람이라고 믿게 될 것이다. 그럼 내 강의를 들을 때 나오는 자세는 대단한 전문가를 만날 때와 똑같아진다. 강사가 하는 말을 경청하고, 강사가 하는 말에 동의하고 믿음이 간다. 그러면 억지로 강의를 판매하려고 하지 않아도 쉽게 팔 수밖에 없다.

그리고 혹시 강의나 컨설팅 등을 판매하는 행위에 관해 불편함이나 죄책감 등을 느끼는 사람들을 위해 말하자면, 도움이 되는 서비스를 파는 일은 좋은 것이다. 우리가 파는 건 수강생의 문제를 해결할 열쇠이다. 수강생은 문제를 해결하고, 강사는 수입과 보람을 얻을 수 있으니 얼마나 좋은 일인가? 판매는 죄책감을 느낄 일이 아니라 당당하고 기분 좋은 일이다.

온라인 강사가
유튜브를 꼭 해야 하는 이유

예비 수강생은 강사의 강의 스타일이 궁금하다. 그것을 가장 잘 보여줄 수 있는 게 바로 유튜브이다. 앞서 유튜버들이 곧 온라인 강사가 될 것이라고 말했다. 잘나가는 강사들도 유튜브를 홍보의 수단으로 쓰는데, 아무것도 없이 시작하는 강사라면 말할 것도 없다. 그럼 도대체 왜 유튜브가 브랜딩과 마케팅에 도움이 될까?

첫 번째, 무료이기 때문이다. 홍보할 때 무료보다 더 좋은 건 없다. 내 노력만 받침이 되면 되니, 나만 잘하면 되는 것이다.

두 번째, 블로그보다 이런 저런 제약이 덜하다. 조건만 잘 맞추면 노출이 잘된다.

세 번째, 유튜브에서 양질의 정보를 꾸준히 제공하면 수강생으로의 전환이 쉽다. 사람들은 무료인데도 이 정도면, 유료라면 얼마나 더 좋을까 생각하고 약간 덮어놓고 믿는 경향이 있다.

네 번째, 사람들은 텍스트보다 영상으로 정보를 습득하는 걸 좋아한다.

다섯 번째, 유튜브에서 검색하는 사람들이 계속 늘고 있다. 요즘 10대들은 유튜브에서 검색해보고 나오지 않으면 네이버에서 검색한다고 한다.

여섯 번째, 유튜브 영상을 찍어 업로드하면 네이버, 구글, 다음에다 노출된다.

일곱 번째, 아직도 유튜브는 아무나 할 수 있다고 생각하지 못한다. 그래서 유튜브에서 자리 잡으면 대단한 사람 취급을 받는다. 게다가 강의 제안, 출판 제안, 기업 강연 등 여러 기회가 생긴다.

이러한 여러 이유만 보아도 강의하려는 사람이라면 유튜브를 해야 한다. 유튜브를 하는 것이 부담되는 분도 많을 것이다. 장비가 없는데 어쩌지, 구독자 어떻게 늘리지, 콘텐츠 어쩌지 등 고민이 많고 부담이 되면 어깨가 결리는 느낌을 받으실 수 있는데, 지금부터 유튜브 쉽게 하는 방법을 공유하려고 한다.

쉽게 하는 방법은 '그냥 아무 생각 없이 하는 것'이다. 뭐 이런 걸 굳이 책으로까지 쓰냐고 하실 수 있는데, 아는 것과 하는 것은 다르다. 나는 2017년부터 수강생들에게 온라인 강의를 하신다면 유튜브 역시 하셔야 한다고 말씀드렸다.

그러나 그중에 실제로 유튜브를 하신 분은 정말 극소수이다. 그만큼 시작하는 거 자체가 어렵다는 말이다. 내가 어떤 사람이고, 왜 이 일을 하게 되었으며, 당신에게 어떤 도움을 줄 수 있는지 찍어보자. 화장도 필요 없고, 조명, 장비 다 필요 없다. 휴대전화 기본 애플리케이션인 카메라를 켜 그냥 촬영하고 업로드하면 된다.

왜 그냥 찍으라고 강조하냐면, 이게 쉽다고 느끼는 게 정말 중요하기 때문이다. '찍고 올리는 거 별일 아니네!'를 경험하고 느끼는 게 정말 중요하기 때문이다. 이 장벽만 깨도 잘할 수 있는데, 우리의 문제는 이것을 깨지 못해서 멋진 아이디어가 있어도 시작 자체를 못 한다는 것이다.

몇 년 전 아끼는 수강생에게 유튜브 아이디어를 드린 적이 있다. 굉장히 매력적인 아이디어였다. 그분도 좋다고 하셨다. 그런데 시작하기의 두려움, 불특정 타인에게 욕먹을 두려움 때문에 결국 못 하셨다. 그때 하셨다면 지금은 구독자가 20만 명은 가뿐히 넘었을 것 같은 주제라서 너무 아쉽다. 구독자 20만 명을 확보하고 온라인 강의를 했다면, 그중에 1%만 구매해도 수강생이 2,000명이다!

유튜브 하면 길을 걷다가도 갑자기 사람들이 알아볼 것 같고, 모르는 사람들에게 악플도 달릴 것 같아 두렵다. 하지만 사실 전혀 그렇지 않다. 그럴 일은 없다. 내가 아는 분은 유튜브 구독자가 7만 명 정도 되시는데, 아무도 길거리에서 알아보지 않는다. 그 정도 되고 나서 고민해도 늦지 않을 걱정이다.

처음 유튜브에 영상을 올리면 아무도 나한테 관심 없다. 1주일 동안 조회 수 30회가 나오면 많이 나온 것이다. 그리고 그렇게 생각보다 악플도 많이 달리지 않는다. 대부분 사람은 영상 주제에 관심이 없거나, 영상 자체가 재미없으면 그냥 끈다.

악플도 어느 정도 파워가 있을 때 달리는 것이니 괜히 걱정하지 말자. 악플러 입장에서도 잘나가는 사람 괴롭혀야 자기가 뭐라도 된 것 같아 우쭐해지고 재밌지, 구독자 수도 적고 조회 수도 안 나오는 영상에 굳이 시간을 들여 악플을 남겨서 뭘 하겠는가?

이렇게까지 이야기했는데도 여전히 부담되는 분이 계실 것 같으니, 부담을 더욱더 덜어드릴 치트키를 하나 드리려고 한다. 우선 아무 계정을 하나 만들어 영상을 올려 보자. 계속 영상을 업로드하다 영상 퀄리티가 점점 좋아지면, 그때부터 좀 더 전문성이 보이는 계정을 새로 만들어 갈아타도 되고, 기존 영상은 다 삭제한 후 다시 새롭게 영상을 올려도 된다.

그러니 그냥 힘 빼고 가볍게 올려 보자. 그렇게 딱 영상 5개만 올려 보자. 그러면 이상한 점이나 고치고 싶은 부분 등이 보일 테니, 그때 하나씩 반영해서 고치면 된다. 계속 공부하고, 수정하고, 보완하면 되는 것이다.

예전에 내가 도와드린 분 중에 지금은 유튜브 구독자를 통해 수강생으로 유입되는 사람들 덕분에 월 2억 원 가까이 버는 분이 있다. 처음부터 잘했으니 그런 거 아니냐고 하겠지만 아니었다. 거실 커튼 앞에서 찍었고, 영상이 거의 2배속 정도로 빨랐다. 그렇게 시작하셨다. 하지만 어설펐어도 시작했다는 것! 그것만으로 지금 그녀는 억대 연봉을 버는 CEO가 되었다.

10만 명이 구독하는
유튜브 채널 만들기

유튜브로 온라인 강의 판매에 도움이 되는 방법을 알려드리기 전에, 당부 말씀을 드리고 싶다. 지금부터 알려드릴 내용은 우선 영상부터 촬영하고 업로드할 때 생각하면 되니, 이것만 들여다보느라 영상을 촬영하는 것조차 하지 못하면 안 된다는 말씀을 꼭 드리고 싶다. 그러니 우선 영상부터 꼭 촬영하시길 바란다.

첫 번째, 유튜브가 강의 판매에 도움이 되려면 많은 사람이 보게끔 만들어야 한다. 많은 사람이 보게 하려면 시기를 잘 타야 하는 것도 있다. 요즘 뜨는 이슈 중 내 강의 주제와 관련된 것이 있다면 다루어 보는 것도 좋다. 그러면 눈에 띄게 놀라운 조회 수를 얻게 될 수 있다.

또 많은 사람이 보게 하려면 썸네일과 제목 등으로 그들의 시청 욕구를 자극해야 한다. 사람들은 돈, 시간, 놀라운 경험, 권위, 정체성의 변화, 높은 인기, 많은 사람이 해봤다는 후기 등을 좋아한다. 이런 욕망사고법을 적절하게 넣어주면 아무래도 영상을 클릭할 확률이 올라간다.

그리고 제목에 내 강의를 들을 만한 고객이 찾을 법한 대표 키워드를 1개 정도 넣어주면, 예비 고객들에게 노출이 될 확률이 높다. 그리고 제목이 매력적이려면 답을 주는 게 아니라 궁금하게 해야 한다.

내가 넣을 키워드를 유튜브에 검색해보고, 검색된 영상들과 비교해서 여기서 내가 튀려면 어떻게 해야 하는지 고민해야 한다. 그리고 아무래도 예쁘고 귀여우면 많이 보니까 예쁘고 멋있는 사람이나 작고 귀여운 동물, 아기나 아이 사진이 썸네일이라면 영상을 볼 확률이 더 높아진다.

두 번째, 영상을 끝까지 보게 해야 한다. 그러려면 도입 부분에 시선을 끄는 매력적인 것, 궁금한 것, 끝까지 봐야 하는 이유, 끝까지 보면 얻을 이득 같은 것들이 나와주면 좋다.

잘나가는 유튜브 영상을 보면 내용 중 좀 더 자극적이고 중요한 것을 맨 앞에 짧게 넣어 우선 궁금증을 유발한다. 그러한 장치가 시청자를 붙잡아두려고 그러는 것이다. 그리고 보는 중간에 이탈하지 않도록 영상을 속도감 있게 편집하고, 내용이 계속 궁금하도록 말을 하면 조금 더 사람들을 붙잡아둘 수 있다.

세 번째, 내 영상을 한 번이라도 본 사람이 다음 영상도 보도록 해야 한다. 그래야 유튜브가 이 영상이 사람들에게 도움을 주는 괜찮은 영상이라고 생각해 더 잘 노출될 수 있도록 한다. 이를 위해 영상을 짧게 시리즈물로 만들면 다음 영상도 이어 보기가 쉬워진다. 여기서 중요한 점은 내용에 핵심이 있어야 하고, 사람들에게 도움이 되어야 하고, 영상 길이를 짧게 만들어 다음 영상이 기다려지게 만드는 게 중요하다.

네 번째, 내 영상을 한 번 보고 또 보게 하려면 구독과 알림 설정 등을 시청자에게 부탁하거나 하도록 유도하면 좋다. 시청자가 내 영상을 구독 및 알람 설정을 해놓으면 내가 영상을 업로드하면 그들에게 바로 알람이 뜬다.

내 영상에 관심 있는 사람들은 알람이 뜨자마자 바로 볼 것이고, 그러한 사람들은 진짜 내 팬일 경우가 많아 영상을 끝까지 시청할 확률도 높다. 그러면 유튜브 역시 처음 영상을 클릭한 사람 대부분이 끝까지 시청하는 것을 보니, 이 영상이 좋은 영상이라고 인식하여 더 많은 비슷한 시청자들에게 노출해줄 것이다.

다섯 번째, 대중성 있는 이야기를 하다가 중간중간 내 강의와 관련한 이야기를 한다. 내가 어학연수 강의를 할 때는 꼭 필요한 사람이 보길 원했기에 늘 '어학연수'라는 키워드를 사용해 대상을 좁혔다. 그렇게 1,000명 정도의 구독자를 모았는데, 차라리 '영어' '외국' 등 좀 더 대중성 있는 키워드로 영상을 올리고 사이사이에 '어학연수' 이야기를 했다면 브랜드 인지도를 올리는데 더욱더 도움이 되었을 것이다.

여섯 번째, 영상 아래에 내 강의 링크를 넣는다. 내 영상을 보고 마음에 든 사람은 내가 궁금해서 찾아보기 마련이다. 그 수고를 덜어주

자. 영상 안 혹은 고정 댓글 창에 내가 하는 강의 링크를 걸어 그들이 내 수강생이 쉽게 될 수 있게 해주자.

그리고 영상 아래 강의 링크를 넣으면 좋은 점이 또 있다. 클래스 101 같은 경우 한 번 내 강의를 본 사람에게는 계속 강의 광고가 따라다니게 해준다. 이 말은 내가 10만 명의 구독자가 있고, 그중 10%인 1만 명이 내 강의를 클릭했다면, 이 1만 명의 사람들에게 내 강의가 계속 노출된다는 뜻이다. 그러면 강의가 필요했던 사람은 수강 신청이 필요한 시점이 되었을 때 이왕이면 많이 봤던 내 강의를 선택할 확률이 높다.

일곱 번째, 유튜브 광고를 한다. 내 영상 중 '좋아요'가 많고, 댓글도 긍정적이며, 핵심적인 내용도 있고, 나를 잘 알릴 수 있는 영상을 택해서 유튜브에 광고를 해보자. 그러면 고객이 될 만한 사람들에게 노출되어 강의 구매율이 올라가게 된다.

여덟 번째, 첫 번째 방법부터 일곱 번째 방법까지 반복한다. 그렇게 하여 나의 파이를 키우고, 내 잠재 고객의 풀을 넓혀보는 것이다. 많이 아는 게 중요한 게 아니다. 하나라도 아는 것을 활용하고, 어떻게 나에게 유리하게 만드는 게 중요하다. 그러니 이런저런 기술을 찾아 기웃거리기보다 이 책 『평생 연금 받는 온라인 클래스 멘토링』에서 설명한 것만이라도 한 번 제대로 해보시길 바란다.

인플루언서
한 마디면 된다

지금은 인플루언서 마케팅을 빼놓고는 뭘 할 수가 없다. 이제는 TV 광고가 아니라, 믿을 만한 사람이 좋다고 해야 사람들이 '그런가…?' 하고 반응하는 시대가 되었다.

그러니 '인플루언서 마케팅'은 요즘 같은 상황에서는 정말 필수라고 할 수 있다. 하지만 1명의 인플루언서에게 의존하기보다 이왕이면 일거양득, 일석 삼조이면 더 좋다. 그렇다면 어떻게 1명의 인플루언서와 일하면서도 여러 효과를 내는 마케팅을 할 수 있을까? 다음 페이지(p.214)에 그동안 연구한 방법을 알려주겠다.

1. 내 콘텐츠에 관심을 보일 만한 메이저급 인플루언서를 찾아야 한다.
2. 인플루언서에게 도움이 되는 제안을 한다. 내 콘텐츠를 홍보했을 때 득이 되는 게 무엇일지, 얼마나 득이 될지, 그 인플루언서가 사람들에게 좋은 반응을 받으려면 어떻게 해야 하는지 제대로 기획한 후 제안해야 받아들여질 확률이 높다.
3. 인플루언서와 함께 일을 하게 됐을 때의 후속 준비를 해놓아야 한다. 화제성이 끝나기 전에 바로 다음 이벤트를 열 수 있도록 한다던가, 그 인플루언서에 관해 좋게 써 줄 언론사를 확보하여 그 내용이 기사화될 수 있게 하고 그를 추종하는 사람들의 반응까지 염두한다.
4. 인플루언서와의 행사나 관련 내용에 관심 많은 블로거와 인스타그램 등 셀럽도 대거 초대하여 자연스럽게 소문이 날 수 있게 한다.
5. 행사가 끝난 후 팔로워가 많은 블로거, 인스타그램 운영자들에게 내 서비스를 체험할 수 있는 물리적인 선물을 증정하고 후기를 남겨달라 부탁한다.
6. 후기를 남겨준 사람들에게 더 좋은 선물을 증정한다.

예를 들어, 만약 책을 출간한다면 책이 서점에 나오기 전에 인플루언서급 도서 소개 유튜버에게 출간 홍보 방송을 제안한다. 그래서 출간 후 1주일 안에(이 기간의 판매량에 따라 베스트셀러 여부가 결정됨) 합동 방송을 할 수 있게 스케줄을 확보한다.

합동 방송을 할 때는 시청자 참여를 독려하는 재밌는 이벤트를 많이 준비해 단발성 이벤트가 되지 않게 한다. 예를 들어, 자금에 여유가 있다면 "저희가 책을 들고 있는 이 유튜브 화면을 캡쳐해 인스타그램에 공유하신 분 중 선착순 100분에게 이 책을 선물로 드립니다!" 같은 이벤트를 하는 것이다. 그러면 책 이름으로 만든 해시태그(#)가

달린 게시글이 100개 이상 생길 것이다.

또 방송 중간에 구매 이벤트를 할 수도 있다. 인터넷 서점에서 책을 구매하고, 인증 샷을 메일로 보내주신 분들에게는 추가적인 선물을 보내드린다고 할 수도 있다. 그리고 방송이 끝날 때쯤에는 방송을 본 모든 사람이 뭐라도 더 얻어갈 수 있게 이벤트를 하는 것이다. "이 책에 대한 기대감을 해시태그와 함께 당신의 SNS에 '지금' 남겨주세요. 그리고 SNS 링크를 유튜브 댓글로 남겨주세요. 10분 동안 기대감을 남겨주신 모든 분에게 선물을 드립니다!"라고 말이다.

이때는 그 채널 구독자가 좋아할 만하고 진짜 도움이 되는 선물을 증정한다. 대신 모든 분에게 드리는 것이니 따로 시간을 쓰기보다 자동으로 처리되는 것이 좋다. 그래야 1만 명이든 10만 명이든 신청해도 감당할 수 있다. 나라면 그동안 찍어둔 영상을 볼 권한이나 VIP 단체채팅방 초대권, 매주 자동 정보 발송 등을 해볼 것 같다.

이런 식으로 섭외한 인플루언서와 다양한 이벤트를 하여 시청자들이 방송을 끝까지 보고, 즐거움도 느끼실 수 있게 하자. 그럼 나에게는 매출로, 게시글로 돌아올 것이다.

그럼 이 한 번의 방송으로 얼마나 홍보 효과를 얻을 수 있을까? 메이저급 인플루언서였다면, 최소 책을 들고 있는 유튜브 화면이 100개 이상은 공유되었을 것이다. 그리고 방송 중간에 구매도 일어났을 것이고, 많은 사람이 이 책에 대한 기대감을 본인의 SNS에 남겼을 것이다. 어떤가? 인플루언서 1명의 파급력이 보이는가? 이제는 인플루언서를 빼놓고 마케팅을 생각할 수가 없는 시대이다.

네이버가 좋아하는
블로그글쓰기

예전에는 내 블로그 방문자가 하루에 1,000명씩은 되었는데, 게으른 나는 꾸준히 블로그를 하지 못했다. 물론 꾸준히 하지 못한 데에도 나름의 변명거리는 있다.

네이버 블로그는 로직도 맨날 바뀌고, 포스팅을 작성한다고 해서 당장 엄청난 일이 일어나는 것도 아니며, 시간 또한 많이 걸리니 자연스럽게 하지 않게 되었다. 그래서 나처럼 게으른 사람도 할 만한 방법이 없을까 연구하다가 방법을 알아냈다.

우선 그 전에 네이버에 관해 이해할 필요가 있다. 네이버가 어떻게 돈을 벌고, 네이버가 싫어하는 블로그는 어떤 유형인지 알면 그 반대로만 하면 된다. 네이버는 광고로 돈을 번다. 그렇다면 사람들은 왜 네이버에 광고비를 내는 걸까? 네이버에 많은 사람이 모여 있기 때문이다.

즉 한국인 중 80%가 쓰는 플랫폼이기에 광고주들이 네이버에 돈을 주고 광고하는 것이다. 그럼 네이버의 돈줄이 마르지 않게 하려면 많은 사람이 네이버를 떠나지 않고, 꾸준히 활동해야 한다는 결론이 나온다. 그러려면 사람들이 있을 만한 이유가 네이버에 있어야 한다.

인터넷 포털 시장에서 후발주자였던 네이버가 확 커지게 된 계기는 '네이버 지식인' 서비스 덕분이다. 지식인에서 나에게 맞는 좋은 답변을 해주니까 사람들이 네이버를 많이 이용하게 되면서 급격히 성장하게 되었다. 그다음이 블로그였다. 직접 경험한 좋은 정보나 맛집 정보 등을 알려주니까 사람들이 도움이 된다고 생각해 좋아했다.

그러나 어느 순간 블로그가 광고판으로 인식되면서 사람들이 떠나기 시작했다. 그래서 네이버는 이런 짜고 쳐서 도움이 되지 않는 글을 쓰는 사람들을 싫어한다. 그럼 네이버가 싫어하는 글이란 정확히 어떤 글일까?

첫 번째, 상업적인 냄새가 많이 나 사람을 질리게 만드는 포스팅을 싫어한다. 네이버에 검색했는데 이러한 포스팅만 많다면 사람들은 광고판이 아닌 순수한 정보가 있는 곳을 찾아 떠날 것이다.

두 번째, 기계가 쓴 것 같은 글을 싫어한다. 진정성도, 성의도 느껴지지 않는 글을 좋아할 사람은 없다. 그럼 기껏 블로그에 들어왔다가도 나갈 것이다. 네이버 역시 이런 글을 좋아할 리가 없다. 그럼 기계가 쓴 건지는 어떻게 알 수 있을까? 기준이 있어야 할 테니, 키워드와 이미지가 규칙적으로 반복된다면 기계가 썼다고 생각하지 않을까 싶다.

세 번째, 창작하지 않은 글을 싫어한다. 한 번씩 정보가 필요해 검색했는데 여기저기 같은 글이 있을 때가 있다. 그럼 시간도 아깝고 짜증도 난다. 다른 사람들도 마찬가지일 것이다. 이런 글들은 정보로서 가치가 없다. 네이버에 이런 글만 가득하다면 사람들은 다른 포털로 갈 것이다.

네 번째, 여러 주제를 다루는 블로그는 아무래도 이상하다고 생각한다. 양질의 정보를 제공하려면 한 분야에 관해 깊게 연구하는 게 필요하다. 그런데 하나의 주제를 정해 깊이 있게 포스팅하는 게 아니라 이것저것 쓰면 가벼운 수준 밖에 되지 않고, 대부분 그러한 글은 크게 도움이 되지도 않고 광고일 확률도 높으니 싫어한다.

이상 4가지 이유가 내가 생각하는 네이버가 싫어하는 블로그의 특징이다. 네이버가 싫어하는 행동과 반대로만 하면 되니 어렵게 생각할 필요 없다. 이렇게만 하면 시간이 지날수록 노출도 잘되니 지속할 수 있으리라고 생각한다.

내 분야의 칼럼 글을 지속해서 성의 있게 써서 사람들에게 도움을 주고, 내 블로그에서 연관된 다른 글들도 링크를 걸어 사람들이 이것저것 눌러보면서 내 블로그에서 체류하는 시간을 높이면 되는, 어찌보면 간단한 작업이다.

그럼 무엇을 써야 할까? 그동안 내가 공부하고 연구하는 주제가 있을 것이다. 그것에 관해 쓰면 된다. 그리고 내 블로그에 온 사람들은 나에 관해서도 궁금할 수 있으니 내 소개 및 일상도 쓰고, 내가 연구하는 것에 관한 칼럼 및 내가 배우고 있는 것에 관한 리뷰를 쓰면 충분히 네이버가 좋아할 만한 블로그가 될 수 있다고 생각한다.

이 책『평생 연금 받는 온라인 클래스 멘토링』을 읽는 독자라면 고객의 문제를 해결하기 위해 강의하려고 할 것이다. 블로그 또한 문제 해결에 도움이 되려고 하는 것이다. 자신을 고객의 문제를 해결하는 문제 해결자라고 일관적으로 생각하고 있으면 좀 더 심플하고 쉬워질 것이다.

게으른 사람도 하는
블로그 마케팅 방법

아래 1번부터 15번까지 빠짐없이 한다면 내가 하는 강의에 대한 브랜딩과 마케팅을 동시에 할 수 있다.

1. 내가 가르치는 분야의 칼럼을 몇 개 써서 블로그를 채운다.
2. 네이버 키워드 도구 등을 참조하여 내 고객들이 검색할 만한 키워드 리스트를 만들어 둔다.
3. 내가 쓰는 키워드로 네이버 메인에 노출된 블로그를 찾아간다.
4. 그 글에 공감을 누른 사람 모두를 서로 이웃으로 추가한다. 공감을 누른 사람들은 비슷한 취향을 가지고 있을 확률이 높아서 내가 쓴 글이 도움이 될 확률이 높다.
5. 100명씩 50일 동안 5,000명의 서로이웃을 확보한다.

6. 5,000명에게 도움이 될 글을 지속해서 쓴다.

7. 내 서비스를 무료로 체험할 수 있는 이벤트를 연다.

8. 비밀 댓글로 이메일 주소를 남겨달라고 한다.

9. 내 서비스 이용 후기를 개인 블로그에 남겨달라고 한다.

10. 후기를 남겨준 사람들에게 추가적인 선물을 제공한다.

11. 어느 정도 후기와 피드백이 모이면 강의를 오픈한다.

12. 내 강의에 관심 있는 사람들이 나를 검색하면 내 콘텐츠에 대한 후기가 나온다.

13. 예비 수강생이 내 강의를 신뢰하기가 쉽다.

14. 예비 수강생이 내 칼럼을 본다.

15. 공감하면 수강 신청을 한다.

이렇게 5,000명의 팬과 그들의 피드백이 이미 확보된 상태에서 온라인 강의를 오픈한다면 어떨까? 1%만 결제해도 50명이고, 수강료가 20만 원이라면 벌써 매출만 1,000만 원이다. 50명이 비슷한 시기에 수강 등록을 하면 바로 실시간 TOP10 클래스에 들어갈 수도 있다. 그러면 강의 플랫폼 메인 화면에 노출되기에 더욱더 많은 사람에게 구매를 촉진할 수 있게 된다.

이메일 마케팅이 죽었다고?

블로그가 포화 시장이라고 하지만 여전히 효과가 있는 것처럼, 이메일도 잘 사용하면 충분히 효과가 좋다. 그래서 나는 자동 이메일 발송을 활용해 가만히 있어도 돈을 벌고 있다. 우선 이메일이 왜 좋은지부터 설명해보겠다.

첫 번째, 이메일은 내가 보내면 상대가 받게 되어 있다. 수신 거부나 스팸으로 처리하지 않는 한(수신 거부 혹은 스팸처리 비율은 1%도 되지 않는다) 받는다. 그래서 웬만하면 다 받게 된다. 블로그나 유튜브는 나를 찾아오지 않으면 볼 수 없지만, 이메일은 고객이 있는 곳에 내가 보내는 것이니 내 의지만 있으면 고객에게 계속 나를 어필할 수 있다.

두 번째, 일종의 편지라는 점이 좋다. 블로그나 유튜브 같은 콘텐츠보다 훨씬 긴밀하게 1대 1로 대하고 있다는 느낌을 준다. 즉 나만을 위해 쓰인 듯한 느낌을 주는 것이다. 그래서 같은 내용으로 블로그에 올리면 하트를 받고 끝나지만 이메일로 하면 감사하다는 답장을 받는 일도 정말 많다.

세 번째, 사람들은 이메일 주소를 잘 바꾸지 않는다. 그래서 몇 년이 지나더라도 계속 연락할 수 있다. 실제로 예전에 고가의 교육을 받았던 곳이 있는데, 처음 연락처를 남기고 2년이 지난 후에 결제한 일도 있다.

네 번째, 내가 가진 고객의 이메일 숫자는 시간이 갈수록 늘어날 수밖에 없다. 얼마나 많은 사람에게 영향을 미치는가가 강의 수입을 결정하는데, 시간이 지날수록 더 많은 고객 리스트가 생기고, 그 사람들에게 소식을 전할 수 있다는 건 시간이 지날수록 내 일이 더욱더 탄탄해진다는 것을 뜻한다.

다섯 번째, 사람들은 내 이야기를 들으려고 하지 않는다. 사람들은 다 바쁘다. 그래서 진득하게 앉아 내 이야기를 들어줄 수 없다. 하지만 이메일은 도움이 되는 정보를 지속해서 보내며 신뢰를 구축할 수 있으니, 영업사원 1명 분의 역할을 제대로 해낸다고 볼 수 있다.

여섯 번째, 한 번만 세팅하면 된다. 블로그나 유튜브는 포스팅을 작성하거나 영상을 제작할 때마다 매번 콘텐츠를 고민해야 한다. 실제로 콘텐츠 마케팅을 하는 사람 중 대부분은 아이디어 고갈로 그만둔다. 그런데 이메일은 그런 고민을 할 필요가 없다. 한 번만 제대로 써

놓으면 알아서 발송되기에 편하다.

　나는 실제로 아무것도 하지 않고 있어도, 내가 만들어 둔 전자책과 자동으로 발송되는 이메일 덕분에 입금이 되는 일이 많다. 거기다 감사 인사도 받는다. 나는 아무것도 하지 않았는데도 말이다. 이런 건 한 번만 세팅하면 되니 하지 않을 이유가 없다고 생각한다.

스팸 취급받지 않는 이메일,
어떻게 쓸까?

    사람들이 싫어하는 메일은 광고 일색의 기계가 보낸 것 같은 메일이다. 이런 메일은 스팸이라고 생각해서 휴지통에 버린다. 그럼 내 이메일이 스팸메일 취급받지 않으려면 어떻게 해야 할까?

    아래에서 소개하는 방법처럼 하면 된다. 즉 팔려고만 하지 않고 진짜 도움이 되고자 하는 진심과 예의가 느껴지는 정보를 사람들에게 보내는 게 우리가 할 일이다.

---

1. 진짜 도움이 되는 양질의 정보를 보낸다.
2. 사람이 직접 쓴 편지처럼 보낸다.
3. 정직하고 예의 바르게 보낸다.

우리는 이메일을 왜 보내는 걸까? 그저 강의를 팔기 위해 보내는 것일까? 그렇지 않다. 그러면 바로 스팸으로 취급당한다. 이 책『평생 연금 받는 온라인 클래스 멘토링』을 읽는 독자라면 수강생들의 문제를 해결하기 위해 이메일을 보내야 한다. 고객이 느끼는 고통과 문제에 집중해야 한다. 그러니 고객이 문제를 잘 해결할 수 있도록 행동하게 만드는 이메일을 보내야 한다.

가끔 사업을 열심히 하는 사람 중에 이메일 마케팅의 효과를 알고 전투적으로 이메일을 보내는 분들이 있다. 하지만 아무리 좋은 내용도 너무 자주 보내면 귀하게 느껴지지 않고 스팸메일과 똑같아진다. 그래서 나는 딱 1주일만 보내길 추천한다. 자동 발송되는 메일을 세팅하는 방법은 다음과 같다.

---

1. '백지의 공포를 이기는 상세페이지 작성법(p.136 참조)'에서 사용한 방법을 참고하여 고객들에게 도움이 될 자료를 무료로 제공한다는 글을 쓴다.
2. 마케팅 자동화 사이트 '서프www.surfcom.co.kr/'에 들어가 영상 가이드를 보며 랜딩 페이지를 만든다. 이미지가 있으면 몇 초만에라도 만들 수 있다.
3. [메일 관리]에 들어가 1주일간 보낼 이메일 내용을 세팅하고 연동한다.
4. 네이버 온라인 카페, 블로그, 인스타그램 등 내 고객이 모여 있을 만한 곳은 어디든 좋으니, 고객이 모여 있을 만한 곳에 가서 '무료'로 그들이 원하는 정보를 준다는 글을 올리고, 글 하단에 신청할 수 있는 링크를 남긴다.
5. 고객이 무료 자료를 받기 위해 신청하면, 신청한 사람들에게 메일이 하루에 한 통씩 자동 발송된다.

SURF

서프보드 메일관리 고객관리 공지사항

서프보드 랜딩페이지 수정 페이지입니다.   홈 > 서프보드 > 리스트 > 수정

디자인
이미지
질문
단일선택형 [보기 ▾]
다중선택형 [보기 ▾]
서술형
고객정보
✓ 이름 ✓ 연락처 ☐ 이메일
기타
정기결제버튼 [현재금액]

라이브클래스 수업 전 궁금한 것들 남겨주세요.

작업영역

신청자 정보를 남겨주세요. ✕
이름 [ ]
연락처 [ ]
이메일 [ ]

현재 온라인 강의에 대한 지식, 경험은 어느 정도이신가요? ✕
☐ 강의 자체에 대한 경험이 없고, 이걸로 돈을 벌 수 있을까 관심이 있는 정도입니다.
☐ 강의는 해봤지만 온라인 강의는 처음입니다.
☐ 강의 사업화에 관심이 있습니다.

현재 [수익 증대, 자동화, 온라인 강의]와 관련해 궁금하신 것, 고민하고 계신 부분을 편하게 남겨주세요. ✕
[ ]

무료 LIVE 클래스 신청 감사드립니다. 어떤 이유로 수업을 신청하게 되셨을까요? 상세히 적어주시면 강의 내용에 반영될 수 있습 ✕
[ ]

SURF

서프보드 메일관리 고객관리 공지사항

메일관리 자동 발송을 위해 생성한 메일을 관리하는 리스트 페이지입니다.   홈 > 메일관리 > 리스트

번호	제목	작성자	등록일	
14	새벽 4시, 실행하는 3일 어떠셨나요?	815school	2023-01-26 15:42:36	삭제
13	<4.8 챌린지 3일 무료 체험> 참여 링크 보내드립니다.	815school	2023-01-26 15:30:11	삭제
12	<4.8 챌린지> 가이드 및 참여 링크 안내해드립니다.	815school	2023-01-20 16:59:39	삭제
11	<4.8 챌린지> 무료 체험 안내해 드립니다.	815school	2023-01-20 15:36:18	삭제
10	특시, 온라인 강의로 월 200만원 버는 방법이 궁금하세요?	815school	2021-02-16 21:37:57	삭제
9	보내드린 책자는 보셨나요?	815school	2021-01-25 12:17:51	삭제
8	신청하신 전자책 <월 30만원 절반 감사는 어떻게 월8백만원을 벌게 되었을까?>보내드립니다.	815school	2020-12-31 17:38:44	삭제
7	고객이 나한테 찾아오게 만들려면?	815school	2020-08-31 22:21:45	삭제
6	같은 일을 하면서 남보다 10배를 더 벌었던 이유는?	815school	2020-08-31 22:14:29	삭제
5	월 70만원 벌다가 단숨에 절반만원을 번 이야기 (2회)	815school	2020-08-31 22:11:52	삭제
4	월 70만원 벌다가 단숨에 절반만원을 번 이야기 (1회)	815school	2020-08-31 22:10:02	삭제
3	소책자 중 특히 도움이 되셨다고 하는 부분입니다.	815school	2020-08-31 22:06:56	삭제
2	보내드린 소책자는 잘 보셨는지요?	815school	2020-08-31 22:06:14	삭제
1	신청하신 소책자 <나는 왜 팔천만원 못벌까> 보내드립니다.	815school	2020-08-31 22:05:10	삭제

[메일등록]

마케팅 자동화 사이트 서프

기간은 단1주일,
고객의 마음을 훔쳐라

1일 차에서는 신청한 무료 자료를 전달하고 내 이야기를 조금 한다. 사람들은 자신이 겪는 어려움을 똑같이 경험했고, 극복해낸 사람의 말을 듣고 싶어한다. 그러니 예비 수강생들이 지금 겪고 있는 문제를 나 역시 똑같이 겪었기에 당신의 마음을 잘 안다는 점을 드러내면 좋다. 이 일을 하게 된 계기가 무엇이었는지, 그동안 어떤 문제를 겪었고, 어떻게 해결했는지의 순서로 내용을 쓰면 된다.

2일 차에서는 무료 자료를 한번 더 전달한다. 메일을 열어보지 않은 사람도 있고, 메일은 열어보았지만 자료를 다운받지 않은 사람도 있으니 한 번 더 보내는 것이다.

이 두 번째 메일 하나로 메일 오픈율이 상당히 많이 올라간다. 그리고 이때는 예비 수강생이 처한 문제가 해결된 상황을 상상할 수 있게 하는 내용을 함께 첨부하면 좋다. 비법도 좋고, 나를 만나고 문제가 해결된 사람의 사례도 좋다. 무료 자료에 관련 내용을 일부 적었으니 읽어보고 효과를 보면 좋겠다고 써도 좋다.

3일 차에는 내가 줄 수 있는 선물을 주고 비교를 통해 변화에 관해 더 가깝게 느끼게 한다. 답장으로 궁금한 점을 보내면 15분간 무료로 1대 1 상담을 해드린다는 식으로 내가 줄 수 있는 선물을 주는 것이다.

4일 차에는 제공한 무료 전자책 내용에는 없는 비밀 칼럼을 추가로 작성하여 전문성을 어필한다. 이때는 진심이 느껴지는 양질의 칼럼을 써야 하고, 다음 글이 궁금해지도록 시리즈처럼 쓰면 좋다.

5일 차에는 아무것도 보내지 않는다. 왜냐고? 썸 타는 걸로 비유하자면, 나에게 잘해주던 사람이 갑자기 연락이 없으면 우리 마음이 어떨까? 이 사람이 왜 이러나 궁금해질 것이다. 바로 그런 기분을 주는 것이다. 그리고 메일을 매일 보내면 기계 같으니 한 번쯤 쉬어갈 필요도 있다. 또한 메일을 계속 받다 보면 실제로 해볼 시간이 없을 수도 있으니, 이메일을 받은 사람이 이것저것 눌러보면서 탐색할 시간을 주는 것이다.

6일 차에는 비밀 칼럼을 추가로 전달하고 다음 비밀 칼럼이 궁금해지도록 여지를 남긴다.

7일 차에는 6일 차 칼럼에 이은 비밀 칼럼을 쓰고 구체적인 해결책을 제시한다. 나라는 사람을 신뢰할 수 있도록 쓰는 게 중요하고, 만남을 고대한다는 따뜻한 인사로 마무리하면 좋다.

파생 상품과 서비스로
추가 매출 올리는 법

수강생들은 분명 내가 가르치는 내용을 통해 해결하고 싶은 문제가 있다. 그들의 문제 해결에 도움을 줄 수 있다면 추가적인 수입을 만들 수 있다.

예를 들어, 다이어트를 위한 홈트레이닝 온라인 강의를 한다면 맛있고 포만감도 있지만 칼로리는 낮은 도시락을 팔 수도 있다. 다이어트는 혼자 하는 게 힘드니 함께 하는 챌린지를 운영할 수도 있다. 또 소수 그룹 세션을 진행해서 비용을 받을 수도 있고, 한 달에 한 번 한강에서 함께 운동하고 치킨 한 조각을 보상으로 먹는 치팅데이를 운영해 참가비를 받는 등 다양한 방법이 가능하다. 어떤 방법이 있는지 정리를 해보았다.

A. 물건 판매

앞에서 설명했듯 다이어트 홈트 관련 온라인 강의를 듣는 사람은 살을 빼고 싶다는 욕구가 있으니, 살 빼는 데 도움이 되는 다이어트 차나 집에서도 쉽게 할 수 있는 운동기구, 다이어트를 위한 마사지숍 쿠폰 등 다양한 제품을 인스타그램이나 블로그, 네이버 온라인 카페 등 운영하는 SNS 채널에서 공동 구매 형식으로 팔거나 라이브 커머스 방송으로 홈쇼핑처럼 팔 수도 있다.

이렇게 하나 팔면 1만 원이 남는 상품을 100명에게 팔았다면, 마케팅 비용 없이 100만 원을 벌 수 있다. 이런 물건을 1년에 몇 번씩 판다면 추가 수입이 꽤 될 것이다.

B. 광고 수수료

내 강의를 들은 수강생이 모일 수 있는 온라인 커뮤니티를 만들었고 그 규모가 제법 크다면, 그들을 대상으로 하는 업체에서 광고비를 받을 수도 있다. 예를 들어, 홈트레이닝 강의를 하는 사람이 커뮤니티를 만들었다면 이곳은 다이어트 욕구가 강한 사람이 모일 테니, 다이어트 관련 업체들이 봤을 때는 정말 좋은 홍보처가 된다. 그런 업체들을 찾아 광고 제안을 해보는 것이다. 규모에 따라 다르지만 아주 작은 배너 하나에 보통 월 20만 원 정도를 받는다. 이런 배너 업체 10곳만 모아도 한 달에 200만 원이라는 추가 수입을 얻을 수 있다.

이런 방식으로 온라인 육아 카페는 한 달에 광고 수입만으로 몇천만 원~억대 수입을 벌어들인다. 규모 있는 온라인 육아 카페를 살펴보면 메인 화면을 광고 배너로 꽉 채운 것을 볼 수 있다. 작은 배너를 월 20만 원, 큰 배너를 월 100만 원으로만 잡아도 온라인 육아 카페 운영자의 수입이 몇천만 원 이상이라는 건 바로 알 수 있다.

C. 더 상위 버전 서비스 판매

물건을 팔거나 광고비를 받는 게 불편하다면 본인 강의의 심화 과정을 판매하는 방법도 있다. 수강생 중에는 온라인 강의가 좋았다면 좀 더 강사 가까이에서 배우고 싶어 하는 사람도 있다. 그런 사람에게는 맞춤 컨설팅을 제공할 수도 있고, 수강생끼리 협업이나 네트워킹을 할 수 있는 장을 마련해 강의에는 없던 추가적인 정보를 제공하는 멤버십 프로그램을 만들어 판매할 수도 있다.

예를 들어, 1년 멤버십 비용이 1개월에 1만 원도 하지 않는 금액인 10만 원인데 다른 곳에서는 얻을 수 없는 특별한 정보를 받을 수 있고, 인사이트를 주고받을 수 있는 인맥을 쌓을 수 있으며, 다른 기회로 연결될 수 있게 소개도 받을 수 있다면 이 멤버십을 구독하려는 사람이 있을까, 없을까?

그래서 강의를 들은 수강생들이 모일 온라인 공간이 필요하다. 경험상 네이버 온라인 카페가 가장 좋았다. 물론 초반에는 카페 활성화를 위한 노력이 필요하기는 하지만, 어느 정도 시간이 지나면 자체적으로 운영이 될 수 있다. 게다가 팬카페처럼 나를 좋아하고 내 강의를 좋아하는 사람들이 모인 곳이기에 추가적인 마케팅 비용 지출 없이 부가 수익을 올릴 수도 있다.

40대 후반의 평범한 직장인
퇴근 후 집에서 1,000만 원 벌기, 이유리 님

• 유튜브_싱글맘워너비언니

Q. 온라인 강의를 시작하실 때의 심정과 상황이 어떠셨어요?

미친 듯이, 열심히 강박적으로 살아왔다고 생각했는데 삶은 전혀 나
아지지 않았습니다. 유튜브나 온라인 강의 플랫폼 속 강의를 봐도 저
에게 바로 적용할 방법은 아예 몰랐습니다. 인생을 업그레이드하고
싶은데, 내가 할 건 다 해봤는데도 나아지는 점이 없다는 게 너무나
도 답답해서 정말 지푸라기 잡는 심정으로 시작하게 되었습니다

Q. 온라인 강의를 하게 되면서 찾아온 삶의 변화가 궁금합니다.

'끌어당김' '긍정의 법칙'이 있어도 내게 맞는 방법으로 실행되지 않
으면 아무런 변화가 일어나지 않는 것을 알게 되었습니다. 정말 자신
에게 맞는 나만의 방법으로 실행하니 10일 후에 출간 제의도 받고,
한 달 만에 300만 원의 온라인 강의 수익을 얻게 되었습니다. 지금은

꾸준히 1,000만 원 정도 온라인 강의 수익을 내고 있습니다.

수익도 수익이지만, 나도 몰랐던 나의 재능을 콕 집어 끌어내어 세상에 보여주니 나를 멘토로 삼자고 하는 분들이 생겨나는 신세계를 경험한 것이 인생에 찾아온 가장 큰 변화인 것 같습니다.

보통 40대 중반이 넘어가면 인생이 더는 변하지 않으리라고 생각하지요. 직장인은 회사에서 잘리지 않기 위해 생존하거나 은퇴 후 줄어드는 수입 걱정에 부동산 월세 정도 고민하는 것이 전부인데, 나라는 사람의 새로운 페르소나도 알게 되고, 인생은 어느 순간에도 바뀔 수 있다는 너무나 큰 자신감을 얻었습니다. 그것도 바로 한 달 안에 변할 수 있는 것이 인생의 기적 같았습니다.

Q. 당신에게 온라인 강의란 어떤 의미인가요?
내가 왜 태어났는지, 내가 세상에 어떻게 이바지할 수 있는지, 내가 뭘 잘할 수 있는지, 나의 꿈이 무엇이었는지, 나로 인해 변화되고 용기와 희망을 얻어가는 사람들을 보면서 인생의 충족감과 행복감을 느낄 수 있는 그 자체입니다.

저에게 1시간 동안 상담받고 정신건강의학과에서 1년간 500만 원 이상의 돈을 썼던 것보다 훨씬 큰 힐링과 해답을 얻었다고 하셨던 분이 생각나네요.

Q. 온라인 강의에 도전하려는 분들께 한 말씀 부탁드립니다.
나이, 학력, 경험, 자격증 어떤 것도 중요하지 않습니다. 가장 중요한 것은 나의 경험이 세상 단 한 명에게라도 도움이 되고, 그 사람이 인생이 변하는 데 도움이 된다면 망설일 이유가 없습니다. 수익도 수익이지만, 가장 중요한 것인 '내가 이 세상에 도움이 되는구나!'라는 뿌듯한 기분은 어떤 돈을 주고도 살 수 없습니다.

Q. 1억치트키의 강의를 듣고 느꼈거나 도움이 되신 점 등을 말씀해주세요.

쓸데없는 겸손함은 나에게도 독이고, 세상에도 도움이 안 된다는 것입니다. 나의 장점을 발전시키는 일은 자존감이 올라가는 것은 물론이고, 세상에 도움이 되는 나만의 인생의 이유를 찾는 것을 알게 되었습니다. 세상에 도움이 되면 돈은 알아서 따라오는 것 같습니다.

장점이 없는 사람은 단 한 명도 없다는 것 또한 알게 되었습니다. 세상에 도움이 되고, 그것을 필요로 하는 사람이 이렇게나 많음을 알게 되는 것 또한 짜릿하고 행복한 경험이었습니다.

Q. 마지막으로 나만의 이야기를 편하게 남겨주세요.

온라인 강의를 시작하면 누가 시키지 않아도 계속 공부하게 됩니다. 남을 발전시키려는 목적으로 가장 큰 혜택을 보는 것은 저 자신입니다. 내가 끊임없이 발전하게 됩니다.

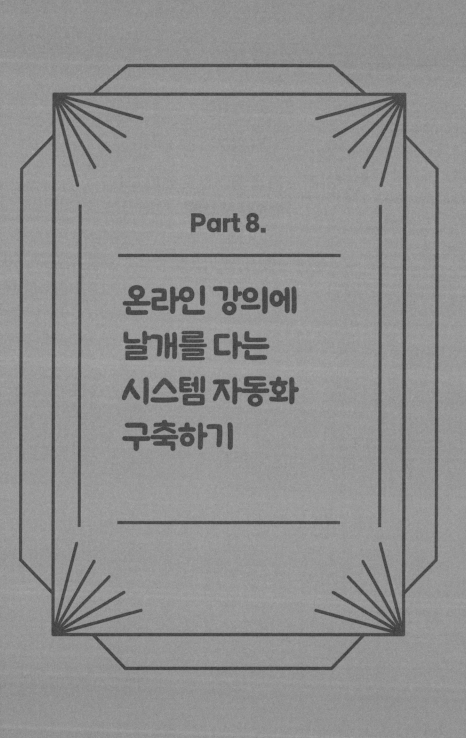

Part 8.

온라인 강의에 날개를 다는 시스템 자동화 구축하기

유난이라는 말을 듣더라도 해야 하는
자동화 시스템

화상 영어 사업을 할 때는 이 사업만으로는 돈이 되지 않아 항상 투잡을 했다. 다른 사람 회사에서 일할 때의 불편한 점은 내 사업을 잘 돌보기 어렵다는 것이다. 특히 전화 응대가 큰 문제였다. 그래서 남의 회사에서 일하면서도 돌아가는 시스템을 만들려고 노력했다.

제일 먼저 한 일은 홈페이지에서 전화번호를 없앤 것이었다. 2013 년에는 사람들이 궁금한 점은 전화로 묻는 게 훨씬 편하던 때라 사이트에 전화번호를 남기는 건 필수였다. 그런데 나는 그걸 없애버린 것이다. 대신 카카오톡 아이디를 남겨두었다. 그리고 자주 묻는 질문과 답은 메인 화면에 보이게 해서 질문을 최소화했다. 그래도 질문이 있는 분들은 채팅이나 이메일로 하도록 유도했다.

또 내가 자리를 지키고 있지 못해도 결제할 수 있게 도움이 되는 내용을 정리해 책자로 만들어 홈페이지에 업로드했다. 그리고 홈페이지에서 결제하고 바로 다운받을 수 있게 했다.

그리고 수강 신청이나 레벨 테스트 신청이 들어오면 신청한 분에게 환영 문자를 보내 결제 이후에 오는 불안감, 즉 '결제 잘된 거야?' '여기는 왜 결제했는데 연락도 없어?' '이 선택이 잘한 걸까?' '여기 운영하는 곳 맞아?' 등의 고민과 불안을 줄여드리려고 했다. 또한 신청과 동시에 나에게도 알림 문자가 오도록 세팅하여 고객이 신청했다는 것을 알 수 있게 만들었다.

시스템 자동화를 하기 위해 이런저런 아이디어를 내고 홈페이지에 반영을 부탁드릴 때마다 사이트를 만들어주신 대표님은 이렇게 하는 곳을 본 적이 없다고 하시며 내가 유난 떤다는 듯이 말씀하셨다. 그런 말투가 불편했지만 어쩔 수가 없었다. 남의 회사에서 일하면서 온종일 내 일만 붙잡고 있을 수는 없었다. 절대적인 시간이 모자라는 나는 대부분 일을 자동화해야 했고, 없앨 것은 과감히 없애야 했다.

없앤 것 중에는 당시에는 좀 획기적인 것도 있었는데, 바로 운영 시간이었다. 당시 화상 영어 업계는 새벽 6시부터 밤 12시까지, 18시간을 운영했다. 그게 불문율처럼 지켜지고 있었고 심지어 어떤 곳은 24시간 운영도 했다. 나도 마찬가지였다.

직장인 중에는 새벽에 영어 수업을 받고 싶은 사람들이 있었는데, 사람이 직접 전화해야 하다 보니 외국인 선생님이 늦잠이라도 자버리면 그날 수업은 진행이 되지 않았다. 그럴 때면 나는 고객에게 사과해야 했고, 내가 부족한 서비스를 했다는 것에 참을 수 없을 만큼 화가 났었다.

그래서 늘 노심초사하면서 살았다. '내일 갑자기 선생님이 못 일어나면?' '내일 아침 선생님이 아프면?' '갑자기 잠수 타면?' 등 그런 생각들로 불안했기에 아예 새벽 5시 30분에 내가 먼저 모든 외국인 선생과 통화하며 매일 이 사람들의 기상 상태를 체크했다.

하지만 많은 일을 하느라 매일 녹초가 되는 내가 이렇게까지 할 수는 없었다. 그래서 모험을 하기로 했다. 그때 내가 생각한 방법은 사람이 많이 몰리는 시간을 파악해서 그 시간대에만 운영하기로 한 것이었다. 분석을 해보니, 대부분 사람이 저녁 9시 이후에 수업하기를 원한다는 점을 알게 되었다. 생각보다 짧은 시간에 집중적으로 사람이 몰린다는 것을 알고 꽤 놀랐던 기억이 난다.

그래서 과감하게 나를 힘들게 하던 새벽 과정과 듣는 사람이 적은 오후 과정은 모두 빼고, 과감하게 저녁 9시부터 밤 12시까지 딱 3시간만 운영했다. 업계는 18시간 하는데 난 3시간만 운영한다니, 이러다 매출이 많이 감소하지는 않을지 불안했다.

하지만 결론적으로는 큰 차이가 없었다. 없앨 것은 없애고, 반복되는 건 자동화를 해두니 오히려 나는 자유로워졌고, 편해졌으며, 상당히 많은 스트레스에서 해방되었다. 그때 자동화의 힘에 관해 처음 실감을 하게 되었고, 지금도 어떻게 하면 더 심플하게 그리고 중요한 일만 할 수 있을까 고민하며 계속 연구하고 있다.

게다가 요즘은 시기적으로도 다 도와주는 것 같다. 예전에는 구축하느라 고생해야 했던 예약 시스템, 쉬운 결제, 자동 답장 등을 구글과 네이버, 카카오 같은 큰 기업들이 대신해주기도 하고, 조금만 찾아보면 국내외에 좋은 서비스를 제공하는 곳이 많다. 아래에 정리한 자동화 시스템을 필요에 따라 잘 사용한다면 정말 돈 벌기 좋은 세상이 된 깃 같다.

- 쉬운 결제 : 네이버 스마트 스토어, 카카오페이, 네이버페이
- 예약 시스템 : 네이버 예약
- 자동 응답 : 네이버 톡톡 자동 응답, 카카오톡 자동 응답 챗봇, 구글 지메일 부재중 답장 기능

일을 줄여주는
마케팅 자동화

나는 요리를 못한다. 요리할 때마다 주방을 폭탄 맞은 것처럼 만들어놔서 신랑이 깜짝 놀란다. 그리고 시간도 오래 걸린다. 그리고 맛도 늘 새롭고 창의적이다. 왜 내가 하는 요리는 매번 세상에 없던 메뉴를 개발이라도 하는 듯 오래 걸리고 맛도 특이할까?

그건 내가 시스템화를 하지 못했기 때문이라고 생각한다. 요리를 잘하는 사람은 요리 중 꼭 필요한 양념이나 조미료 등을 손이 닿기 가까운 곳에 세팅해두기에 매번 재료가 어디 있는지 찾을 필요가 없다.

그리고 요리에 꼭 들어가야 하는 필수 기본 재료를 잘 갖추고 있다. 그럼 그 재료들에 특별 재료나 조미료 등을 조금씩만 넣어도 비슷한 재료로 다양한 음식을 뚝딱 만들어 낸다. 그밖에도 내가 모르는 요리 고수만의 시스템이 있을 것이다. 그런데 나는 그러한 작업을 미리 갖추어놓지 못했으니 매번 정신만 없고, 효율도 좋지 못하고, 힘들기만 하다. 그래서 요리는 늘 부담스럽고 어렵게 느껴졌다.

일도 마찬가지다. 시스템화가 되어 있지 않으면 늘 새롭고, 늘 바쁘고 정신없다. 그러다 보면 누락하는 등의 실수도 생긴다. 그래서 '매뉴얼화' '시스템화' '자동화'가 필요하다. 어떻게 하면 될까? 전체 과정을 세분화하는 방식으로 하면 쉽게 할 수 있다. 온라인 강의 플랫폼에서 강의하는 강사가 해야 할 전체 과정을 간략하게 요약하면 다음과 같다.

① 온라인 강의를 만들어 둔다
② 마케팅을 한다
③ 수강생 관리를 한다

강의는 이미 만들어져 있으니 더는 할 게 없다. 가만히 냅두어도 알아서 팔린다. 그럼 할 일은 마케팅과 수강생 관리가 남는다. 그럼 어떻게 마케팅하면 반복적인 일은 줄이고, 효율은 높일 수 있을지 생각한다. 수강생 관리는 어떻게 해야 만족도를 높여 충성팬이 되도록 할 수 있을지 생각해야 한다. 나는 다음과 같은 과정을 거쳐 자동화를 했다.

① 예비 수강생이 관심 있을 만한 무료 자료를 만든다
② 블로그, 카페, 인스타그램, 페이스북, 유튜브, 광고 등을 활용하여 고객이 될 만한 사람들 눈에 띄게 한다

③ 필요한 분들이 무료 자료를 신청한다

④ 무료 자료를 자동 이메일로 발송하고 도움 되는 칼럼을 1주일 정도 더 보낸다

⑤ 칼럼 중간과 마지막에 내 강의 링크를 보낸다

⑥ 자료가 마음에 들었던 분들은 내 온라인 강의를 살펴본다

⑦ 수강생이 되거나 되지 않는다

⑧ 강의 페이지를 살펴본 모든 분에게 내 강의가 계속 보이도록 강의 플랫폼에서 광고를 해준다

⑨ 강의 플랫폼 커뮤니티에 글을 쓴다*

⑩ 내 강의에 관심을 보인 모든 사람에게 메일이 발송된다*

⑪ 그분들 중 시기가 맞지 않아 바로 신청하지 않았지만, 강의가 필요한 분은 내가 쓴 글을 보고 다시 나를 떠올려 강의를 결제한다

⑫ 댓글로 수강생분들을 응원한다

⑬ 수강 종료 후 함께 성장할 수 있는 커뮤니티로 안내한다

⑭ 다양한 이벤트와 챌린지, 공동 구매 등을 진행한다

  * 플랫폼별로 시스템이 다르니 확인 필요

이렇게 자동화가 세팅되었다면 이제 내가 할 일은 10가지밖에 없다.

① 도움이 되는 정보를 담은 무료 전자책을 만든다

② 많은 사람이 볼 수 있게 커뮤니티에 가입하거나 광고를 세팅한다

③ 자동 발송할 이메일 내용을 작성한다

④ 신청할 수 있는 랜딩페이지를 만든다

⑤ 신청 페이지에 이메일을 연동한다

⑥ 가끔 강의 플랫폼 커뮤니티에 글을 쓴다

⑦ 수강생 글에 댓글을 남긴다

⑧ 네이버 카페, 카카오톡 단체방 등 수강생들이 모일 수 있는 온라인 커뮤니티를 만든다

⑨ 온라인 커뮤니티에 가입하도록 사람들 눈에 잘 띄는 곳에 공지글을 올려둔다

⑩ 다양한 이벤트와 챌린지, 공동 구매 등을 알리는 글을 쓴다

이 중에 ①~⑤번, ⑧~⑨번은 한 번만 하면 되고 ⑥, ⑦, ⑩번은 몇 가지 글쓰기 템플릿을 정해두면 매번 생각할 필요 없이 조금씩만 바꿔서 쓸 수 있다. 숫자로 나열하니 할 일이 많아 보이지만, 무료 자료 만들기와 칼럼만 빨리 쓸 수 있으면 시간도 얼마 걸리지 않는다.

그리고 시간 대비 효과는 정말 좋다. 내가 매번 힘주어 뭘 하지 않아도 선순환이 되니 말이다. 또한 자동화 시스템을 구축할 때는 빠른 마감 기한이 있는 게 좋다. 왜냐하면, 당장 성과가 보이는 게 아니고 한 번만 세팅하면 되니 오래 끌 필요가 없다. 그러니 잠깐만 귀찮으면 된다. 생업 때문에 시스템을 만들 시간이 없는 분이라면 업무 시간 이후에 하거나, 다른 사람의 도움을 받아서 하면 된다.

할 때는 비효율적이지만, 해놓으면 그때부터는 훨씬 더 중요한 일에 내 시간과 에너지를 쓸 수 있다는 걸 꼭 기억하자.

고객이라고
다 똑같지 않다

앞서 무료 자료를 신청하신 분들에게 자동으로 이메일이 발송되도록 한다고 했다. 이때 고객을 분류하기 위해 쓰는 방법이 있다. 바로 무료 자료도 여러 가지를 만들어 나눠드리는 것이다.

즉 전자책도 드리고 파일도 드리는 등 다양하게 만들고 제공하여 예비 수강생이 신청할 수 있는 신청 페이지를 많이 만든다. 이렇게 하면 뭐가 좋을까? 그들에게 도움이 되는 자료를 남들보다 더 많이 줄 수 있다는 장점도 있고, 그들 중에 누가 더 급한 사람인지 파악할 수 있는 좋은 점도 있다.

나는 모든 고객을 똑같이 대하지 않는다. 먼저 집중해야 하고 급한 분을 선별해 그분들 먼저 도와드린다. 이때 가장 먼저 챙기는 분들은 여러 가지 자료를 신청하고, 사연도 꼼꼼하게 남겨놓는 분들이시다. 그분들은 그만큼 더 급하고 니즈 역시 강한 분들이기에 내가 관심을 가지면 도움을 드릴 수 있는 게 많기 때문이다

그다음에 도와드리는 분들은 무료 자료 신청을 여러 개 하신 건 아니지만 구구절절 사연을 적은 분들이다. 그런 분들은 진심으로 도움이 필요한 분들이고, 진지하게 임하는 분들이라 내가 문제를 해결할 방법을 알려드리면 열심히 노력하는 분들이다.

무료 자료를 신청하는 분 중에는 무료라서 그냥 신청하는 분들도 계신다. 사연을 쓰지 않으셨거나 무성의하게 쓰신 분들에게는 신청하신 자료만 보내드리고 따로 연락하지 않는다.

이렇게 간절함의 정도에 따라 고객을 관리하면 같은 시간에 훨씬 더 높은 효율을 낼 수 있다. 이것을 하는 것만으로 실제로 나는 동료들보다 10배 이상의 매출을 올리기도 했으니 꼭 해보시면 좋겠다.

'80/20 법칙'처럼 고객도 더 급하거나 도움이 필요한 분 먼저 챙겨드리고, 운영하는 채널 역시 효과가 더 좋은 채널에 집중한다. 사람이 많이 들어오는 채널을 파악해 그곳에 집중하고, 효과가 낮은 마케팅은 하지 않는다. 이 역시 정기적으로 살펴보고 분석해야 한다.

이런 것들을 포털에서 제공하는 폼으로 관리하거나 엑셀로 할 때는 너무 불편했다. 그래서 내가 고객 관리 하면서 불편했던 점들을 반영해서 '고객 우선 순위' '채널 우선 순위' '고객 이력' 등 한눈에 파악 가능하고 자동화할 수 있는 사이트www.surfcom.co.kr를 만들었다. 1개월간 무료로 쓰실 수 있으니 편하게 활용하시고, 도움이 많이 되시면 좋겠다.

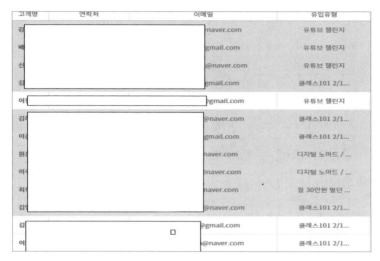

중복 신청자 색깔, 상단 표기 기능으로 먼저 연락이 가능하게 한 고객 페이지

고객 이력을 한 번에 볼 수 있는 서프 고객 관리 페이지

나는 내 강의를 해야 하는 사람,
곽은지 님

• 3만 유튜버, 〈율디 컴퓨터 인터넷 기초강의〉

• 『부모님을 위한 컴퓨터 무작정 따라 하기(길벗 | 2021.06.15.)』 저자

Q. 온라인 강의를 시작하신 계기가 있을까요?

2020년 초 코로나19로 집과 회사를 오가며 삶이 무기력해진 상태에
서 남동생의 제안으로 유튜브에 컴퓨터 기초강의 영상을 올리게 되
었습니다.

Q. 온라인 강의를 하게 되면서 찾아온 삶의 변화가 있을까요?

본업은 교수나 강사의 원고를 받아 학생들이 잘 이해할 수 있도록 내
용을 구성하는 일을 합니다. 하지만 좋아하지 않거나 관심 없는 분야
의 내용이 많았고, 직접 강의하는 게 아니었기에 콘텐츠가 만들어졌
을 때 성취감 또는 보람이 크지 않았어요.

그런데 유튜브에 강의 영상을 올리면서 가슴이 두근두근했어요.
원고를 작성하는 것부터 강의를 촬영하고 영상 편집까지, 하나부터

열까지 혼자 다 하느라 힘들었지만, 하나의 영상이 만들어졌을 때 너무 뿌듯했어요. 그리고 '도움이 되었다. 감사하다'라는 댓글을 보면 힘들었던 마음이 사라졌습니다. 그러면서 '아, 나는 나의 강의를 해야겠구나!'라는 것을 깨닫게 되었어요.

Q. 당신에게 온라인 강의란 어떤 의미인가요?

온라인 강의는 거창한 내용이 아니더라도 내가 아는 것을 남들과 나눌 수 있고, 그분들이 변하는 모습을 보면서 뿌듯함과 기쁨을 느낄 수 있게 해줍니다. 그래서 제가 평생을 즐겁게 할 수 있는 일이라고 생각해요.

Q. 온라인 강의에 도전하려는 분들께 한 말씀 부탁드려도 될까요?

온라인 강의에 도전하시려는 분 중 대부분은 '내가 남들에게 무엇을 알려줄 수 있을까?' 이 부분이 가장 고민되실 거라고 생각해요. 저처럼 '남들보다 조금 더 알고 있는 것+내가 즐겁게 할 수 있는 것'을 찾아보시는 건 어떨까요? 이 말은 대부분 유튜브 영상이나 강의에서 뻔하게 하는 말이라는 생각이 들 수 있어요. 저도 그랬거든요.

하지만 저 2가지를 충족하는 뭔가가 있다면 일단 시작해보세요! 물론 처음에는 힘들고 어렵습니다. 그렇지만 시작해야 성공도 있지 않을까요? 저도 아직은 초보 강사라 부족한 점이 많지만 일단 부딪히면서 열심히 배우고 노력하고 있어요. 그렇지만 즐겁게 할 수 있는 일이기 때문에 충분히 견딜 수 있는 것 같아요.

그리고 유튜브를 통해 온라인 강의를 시작해보셨으면 합니다. 유튜브는 무료로 많은 사람이 볼 수 있어 강의를 테스트해볼 수 있는 좋은 플랫폼이라고 생각해요! 물론 악플을 보면 마음은 아픕니다. 하지만 발전할 수 있는 따끔한 조언들도 얻을 수 있으니 자신의 콘텐츠를 객관적으로 판단할 수 있다는 장점이 있어요.

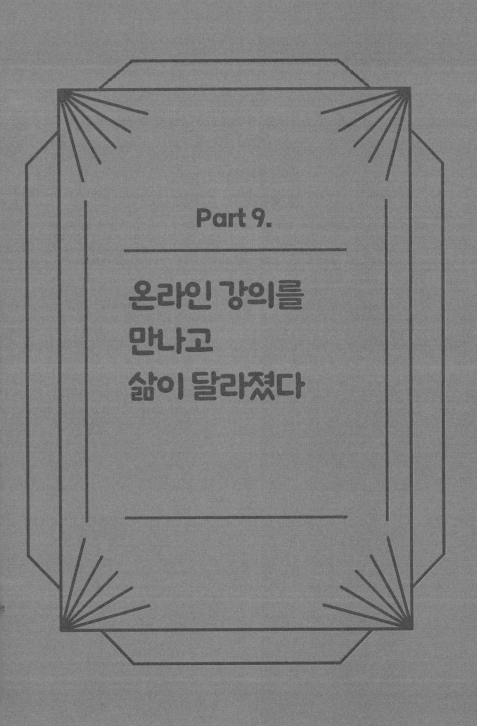

Part 9.

온라인 강의를
만나고
삶이 달라졌다

충만함이 넘치는
자발적 백수의 삶

처음 온라인 강의를 만들 때는 정말 정신이 없었다. 아주 엉망진창이었다. 수많은 책과 조명기, 카메라, 고데기 등 여러 물건이 아무렇게나 널부러져 있는 게 꼭 방금 야반도주한 사람의 집 같았다.

그리고 기존에 하던 일들은 그것대로 계속하면서 온라인 강의도 만들어야 해서, 새벽 늦게까지 작업하는 날이 많았다. 그런데 늦은 새벽에는 목소리도 잘 안 나오고 피곤해서 실수가 잦았다.

또 이런 일도 있었다. 마감 날짜가 다 되었는데 갑자기 내가 찍은 영상들이 싹 다 마음에 들지 않았다. 나조차 만족스럽지 못한 강의를 내보낼 수 없어 전부 다시 찍고 편집하는 과정을 거쳤다. 시간이 없는 상태에서 만들었더니 대본과 영상 등 모든 면에서 퀄리티가 떨어졌다. 만족스럽지 않아 스트레스가 극에 달했다. '지금이라도 못하겠다고 할까' 싶은 마음이 계속 올라왔다.

시간이 많이 모자랐다. 그래서 강의 오픈 직전에는 무려 40시간을 자지 않은 채 촬영하고 편집하기를 반복했다. 그래도 부족했다. 런칭 시간 5분 전까지 자막 편집을 하고 있었다. PD님들은 다 되었냐고 묻는데 진전은 없고, 그 와중에 실수도 계속 나왔다. 진짜 숨 막히게 작업하고 또 작업해 겨우 오픈 시간에 맞추었다.

강의 오픈만 하면 좀 쉴 수 있을 줄 알았는데 아니었다. 막바지에 전부 다시 촬영하다 보니 미흡한 부분들이 보여 계속 수정에 수정을 거듭해야 했다. 게다가 강의를 신청한 분들에게 드리기로 약속했던 자료들이 있는데, 그것도 무료라고 대충 할 수 없어 계속 쓰고 지우면서 최선을 다해서 만들어야 했다. 분명히 강의를 오픈했는데도 계속 강의 준비를 하는 느낌이었다. 심신이 많이 지쳤고 모든 게 꿈 같이 몽롱했다.

하지만 고통은 잠시였다. 온라인 강의를 만들어 둔 후로는 이보다 좋을 수가 없다는 생각이 든다. 우선 특별히 시간을 쓰지 않아도 수입이 생긴다는 안정감 덕분에 중요한 일들을 할 수 있게 되었다.

일을 하다보면 정말 중요한 일인데도 급하지 않다는 이유로 뒤로 밀리는 것들이 있다. 그런 일들은 늘 해야지 하면서도 하지 못해서 스트레스를 받거나 해내지 못한 나를 자책하게 했는데, 드디어 그 일들을 할 시간을 확보하게 된 것이었다.

그 대표적인 게 지금 이 책 『평생 연금 받는 온라인 클래스 멘토링』

집필이었다. 예전에도 출간을 위해 다른 출판사와 계약하고 원고를 썼었는데 중간에 우여곡절이 있었다. 출판사 대표님은 나에게 충분히 시간을 가지고 좋은 원고를 쓰라고 하셨다. 감사했고 좋은 원고로 그분의 배려에 보답하고 싶었다.

그런데 원고를 쓰려고 하면 자꾸 여러 가지 일이 터져 정신을 차릴 수가 없었다. 우선 급한 일들부터 처리하기 바빠 원고 집필은 시작도 못 하면서 시간만 지나고 있었다.

그런데 어느 날 충분히 시간을 가지라고 하셨던 대표님께서 싸늘한 얼굴로 계약 해지 통보를 해오셨다. 2년이나 지났는데도 원고를 다 쓰지 않았으니 출간 의사가 없다고 생각하셨던 것이었다. 원고를 쓰지 않으려던 게 아니라, 일상의 자잘한 문제들을 처리하느라 정신이 없어서 시간이 그렇게나 흘렀던 것이었다. 너무나 죄송하고 부끄러웠다.

지금은 차분하게 원고를 쓸 수 있는 시간이 허락되어서 정말 감사하게 생각한다. 예전처럼 정신없이 바쁠 때였다면, 또 그런 부끄러운 말을 들었거나 몇 년이나 지나서 책을 출간했을지도 모를 일이다.

나는 요즘 자발적인 백수 생활을 하고 있다. 돈을 벌려고 하면 나에게 무료 자료를 신청하신 수많은 분에게만 연락해도 충분히 많은 돈을 벌 수 있을 것이다. 하지만 그렇게 하지 않고 있다. 왜냐하면 당장 돈을 벌려고 하면 그보다 중요한 것을 만들 수 없다는 걸 잘 알기 때문이다.

이미 그것 때문에 나는 몇 년이나 불안하게 살았다. 이제는 돈을 많이 번다는 화려한 유혹은 조금 참고 시스템을 구축하려고 한다. 그래서 나의 이 백수 생활은 무기한 이어지는 게 아니다. 마감 날짜가 있고, 그 안에 반드시 해내야 하는 일들이 있는 프로젝트성 백수인 셈이다.

나이 먹는 게 기대된다고?

온라인 강의를 한 후 많아진 시간을 예전 같았으면 노는 데 다 썼을 것이다. 하지만 나는 과거의 경험으로 이미 알고 있다. 이 여유로운 시간은 노는 시간이 아니라 나를 더 성장하게 하고, 시스템을 탄탄하게 정비하는 시간이라는 것을 말이다.

대부분 강사는 나이를 먹을수록 입지가 줄어든다. 왜 그럴까? 남과 다른 경쟁력이 없기 때문이다. 특별히 브랜딩이 된 것도 아니고, 남들만큼만 가르치기에 자체적으로 수강생을 모집할 수 있는 것도 아니므로 나이를 먹으면 설 자리가 없어지는 것이다.

하지만 잘나가는 강사는 완전히 그 반대이다. 강의를 잘하는 것은 당연하고 차별화 방법, 판매 노하우 그리고 시스템화까지 매우 많은 연구를 한다. 블로그, 인스타그램, 유튜브 같은 채널은 기본으로 하면서 자신을 알리고 계속해서 잘 팔리려면 고객들이 요즘 무엇을 하고 사는지, 어떤 것이 답답한지 알아야 하니까 고객에 관해 계속 연구한다.

이렇게 고객들이 원하는 콘텐츠를 계속 만들어내니 사람들이 몰릴 수밖에 없고, 그 결과 시간이 지날수록 더욱더 전문가가 되고 돈을 잘 벌게 된다.

나도 명품 강사가 되기 위해 노력하고 있다. 특히 온라인 강의를 만든 후 생긴 시간을 활용해 수강생들에게 필요한 것이 무엇인지 깊게 연구하고 몰입하는 시간을 보내고 있다. 확실히 수강생의 니즈를 다각도로 분석하니 다양한 콘텐츠가 만들어진다.

이것은 수강생에게도 좋고, 강사로서 나에게도 도움이 된다. 온라인 강의의 좋은 점은 공부하고 나누는 게 일상이 된다는 것이다. 그래서 나는 충분히 놀아도, 온종일 유튜브를 봐도 죄책감을 느끼거나 눈치 보지 않는다. 이게 다 콘텐츠로 나온다는 것을 알기 때문이다.

나는 앞으로도 계속 수강생들의 수익 증대와 자동화에 도움이 되는 콘텐츠를 만들어낼 것이다. 이렇게 계속 공부하고, 콘텐츠를 만들고, 또 연구하며 다양한 것들을 융합해 새로운 것을 만들어 간다면 내가 60대가 되었을 때 나는 어떤 강사가 되어 있을까?

나이를 먹었으니 뒷방으로 물러나는 불안하고 쓸쓸한 강사일까? 아니면 30대보다 더 연륜과 경험 그리고 지혜가 쌓인 전문가 중의 전문가가 되어 있을까?

나는 당연히 후자라고 생각한다. 그래서 나는 나의 40대가, 50대가 무섭지 않고 기대된다. 이 책 『평생 연금 받는 온라인 클래스 멘토링』을 읽는 여러분도 나만의 지식으로 세상을 이롭게 하고 시간이 갈수록 전문가가 되는 행복한 경험을 하시면 좋겠다.

제 유튜브에 와주셔서
영광입니다

　수강생 중 한 분이 어느 분의 유튜브에 출연하셔서 힘을 드리려고 응원의 댓글을 남겼다. 그런데 해당 채널 유튜버가 나를 알아보시고 "어머, 1억치트키 님이 제 유튜브에 와주시다니, 정말 영광입니다!"라고 환영의 댓글을 남겨주셨다.

　그분이 나보다 더 유명하신데도 나를 알아봐 주셔서 내가 더 영광이었다. 그러다 문득 차비가 없어 구걸하던 대학생 시절이 떠올랐다. 당시 나는 전공과목조차 제대로 못 따라가는 상태여서, 미래를 생각하면 답이 보이질 않았다. 그런 내가 할 수 있는 건 교육밖에 없다고 생각했다.

　그래서 다른 친구들보다 늦게 시작한 만큼 더 많은 시간을 써서 배우기로 마음먹었다. 빨리 잘하고 싶은 마음이 컸던 나는 용돈 30만 원 중 20만 원을 학원비로 썼다. 10만 원은 밥값이었다.

그러던 어느 날, 그렇게 돈을 아꼈는데도 돈이 정말 한 푼도 없었다. 한 달은 30일이었고, 하루에 3천 원만 밥값으로 쓴다고 해도 9만 원이니까 학원 한두 번 가면 차비가 없어졌던 것이었다(지방대를 다녔기에 학원까지 기차를 타고 다녀야 했다). 학원에는 꼭 가야 하는데 서랍을 다 뒤지고 주머니 속과 가방 안을 다 뒤져도 돈이 없었다. 2천 원만 있어도 어떻게 해볼 텐데 그 돈이 없었다.

안 되겠다 싶어 학교 앞 상점에서 2천 원만 빌려달라고 했다. 오며 가며 인사도 여러 번 했고 심부름으로 구매도 많이 했으니까 돈을 빌려주실 거라 생각했다. 그래도 믿음이 안 가실 수 있으니 이번 주에 아르바이트 돈 타면 갚겠다고 했고 신분증도 맡긴다고 말씀드려서 내가 나쁜 사람이 아니라는 걸 보여드리려고 애썼다. 그런데 사장님은 내 말이 다 끝나기도 전에 고개를 저으면서 안 된다고 하셨다. 그때 눈물이 나왔다.

허튼짓하느라 돈이 필요했던 게 아니라 공부하고 싶어서 그런 건데, 그런 사정 따위는 아무도 관심 없었다. 유명한 사람들은 시시콜콜한 이야기를 해도 기사화가 되는데, 나는 너무 굶어 쓰러지게 생겼든 공부하려고 발버둥을 치든 말든 아무도 나에게 관심이 없었다. 그게 내 위치였다.

그랬던 나인데 15년쯤 지나 "와주셔서 영광입니다!"라는 말을 듣게 된 것이었다. 격세지감이 아닐 수 없었다. 이건 나뿐만 아니라 다른 온라인 강사들도 느낄 것이다. 온라인에서 강의하면 포털에 검색했을 때 이름이 나온다. 그 이유만으로도 어느 정도는 대접받는 게 있다. 마치 하나씩 싸우며 힘겹게 레벨 업을 해야 하는 게임에서 몇 단계 정도는 프리패스로 지나가는 느낌이다.

책을 출판하려고 출판사와 미팅하거나 비즈니스 미팅 등을 할 때도 예전 같으면 내가 누구인지 열심히 설명하고, 포트폴리오도 준비하고 혹시 몰라 추천서도 받아서 갔다. 그래도 기회를 얻지 못하고 거절당할 때도 많았다.

하지만 온라인 강의를 한 후부터는 그만큼 노력하지 않아도 참 쉽게 일이 진행되는 것 같은 느낌이 든다. 바로 본론으로 들어가고, 이미 한다는 걸 전제하고 이야기가 진행된다. 강의 자체가 내 명함이 되는 것이다. 정말 감사한 일이다.

망할 걱정이 없다

　예전에 한 수강생이 자신은 이제 망해도 괜찮을 것 같다는 말을 한 적이 있다. 벌 만큼 벌었으니 망해도 좋다는 게 아니라, 돈 버는 방법을 알기에 설령 망하더라도 다시 일어설 수 있겠다는 뜻이었다. 나 역시 온라인 강의를 기획하는 것부터 자동화하는 것까지의 과정을 알고 있기에, 안 되면 어쩌지 같은 걱정을 더는 하지 않는다. 이것은 나에게 엄청난 자신감을 준다.

　방법을 모르는 사람들은 망하면 어쩌나 불안해하느라 시작하는 걸 어려워한다. 하지만 전체 과정을 아는 사람들은 집중해서 한다면 단 1주일 만에 강의 기획부터 수강생 모집까지 할 수 있다. 우선 빠르게 전체 과정을 만든 후 세부적인 부분을 신경 쓰면서 어떤 방법이 효과적인지 실험해갈 수도 있다.

아무리 전체 과정을 다 알아도 다시 시작하는데 돈과 인력이 많이 필요하다면 쉽게 하기 어렵다. 하지만 온라인 강의는 만드는 데 비용이 들지 않기에 계속해서 강의를 만들 수 있다. 게다가 이미 제작된 강의를 본 수강생들이 더 궁금할 만한 내용으로 추가 강의를 만들면, 기존 수강생 중 상당수가 신규 강의를 수강할 것이기에 고객 확보도 용이하다.

그리고 추가 강의를 듣는 수강생들은 보통 후기도 잘 남겨주신다. 그러면 예비 수강생들이 내 강의에 신뢰를 느껴 수강 신청 결정이 쉬워진다. 이렇듯 특별히 마케팅하지 않아도 추가 판매가 일어나는 선순환이 만들어지는 것이다. 마음만 먹으면 1년에 몇 개씩도 충분히 만들어낼 수 있는 게 바로 온라인 강의다. 그럼 그만큼 다 자동 수입으로 이어진다.

게다가 나만 잘하면 되니, 잘못되면 어쩌지 걱정하느라 잠 못 자고 뒤척이는 일이 없다. 그건 정말 나를 자유롭게 한다. '내일은 또 어떤 재밌는 걸 해볼까?' '다음에는 뭘 해서 사람들의 문제를 해결하지?' 하며 마음껏 자유로운 상상을 할 수 있어 정말 설렌다. 이게 다 온라인 강의를 제작하면서 배운 경험들 덕분에 가능한 일이다.

그러니 이 책 『평생 연금 받는 온라인 클래스 멘토링』을 읽는 독자들도 꼭 이러한 경험을 해보시면 좋겠다. 한 번만 해보시면 전체 흐름을 알게 된다. 그다음 단계는 내 선택이다. 강의 하나만 만들고 그것을 잘 가꾸어 갈 것인지, 아니면 파생되는 강의를 계속 만들어 내가 건재하다는 걸 알리고 추가적인 수입을 만들 것인지 말이다.

혼자 있지만,
혼자가 아니다

온라인 강의를 하면 집에서 일하니까 사람을 만나지 않을 것 같지만, 오히려 훨씬 더 다양한 사람과 만나게 된다. 내 강의를 듣고 삶이 바뀌었다며 감사 인사를 하는 분들도 있고, 강의가 아니었다면 평생 만나기 어려운 엄청난 분들도 만나고 있다.

우울증으로 혼자 집에만 있던 적이 있었다. 강남 한복판에서 살았기에 문만 열면 사람들이 있었지만, 나는 혼자였다. 아무와도 만나지 않고, 말도 섞지 않았다. 그러다 내가 아프거나 죽어도 아무도 모를 것 같았다.

그런데 지금은 다르다. 겉모습은 똑같이 집에 혼자 있지만, 나는 사람들과 연결되어 있다. 수강생들이 남기는 글들에 댓글을 달면서 보람을 느끼고, 늘 새롭게 배우는 점이 있다. 그리고 단체 채팅방과 운영 중인 온라인 카페와 커뮤니티 등에서 사람들이 열심히 움직이는 모습이 보이니 나도 더 부지런히 노력하게 된다.

또한 온라인 강의를 한 후로는 예전에는 만날 수 없었던 엄청난 수준의 사람들과 교류할 수 있게 되었다. 멘토와 멘티, 동료 강사, 비즈니스 파트너 등으로 다양하고 멋진 사람들을 만나면서 자극과 영감을 받고 계속 성장할 힘을 받는다.

앞에서 온라인 강의를 만들어둔 후로 일이 좀 더 쉽게 되는 것 같다고 했는데, 특히 멘토님들과의 관계가 그런 것 같다. 그분들도 내가 무엇을 하고 어떤 성과를 낸 사람인지 아시니까 조금 더 기대하면서 나를 봐주시는 게 느껴진다. 그래서 나는 그에 대한 보답으로 배운 걸 최대한 빠르게 하려고 하고, 감사 인사를 자주 하려고 한다.

그리고 성과를 내면 후기를 정말 최선을 다해 써드린다. 그렇게 하니까 예전보다 멘토님들과 관계가 잘 유지되고 얻는 게 훨씬 많은 것 같다. 멘토님들은 이미 나보다 앞서서 그 분야를 경험했고, 영향력이 있고, 아는 사람도 많고, 지혜도 많은 사람이다. 예쁘게 말하고 행동하는 것만으로도 나 혼자서는 생각도 못 할 아이디어를 받을 수도 있고, 엄청난 기회에 노출되거나 소개받을 때도 있다.

이보다 쉽게 성공할 수 있는 길이 있을까? 잘난 사람에게 아부하라는 게 아니다. 앞서나간 분들과 진정한 관계를 맺는 것이 정말 엄청나다고 말하는 것이다. 내 시야가 달라지고, 여러모로 내 성공을 100배쯤 쉽게 한다는 생각이 든다.

많은 강사가 서로를 경쟁자로 생각해 어울리지 않는다. 하지만 나는 오히려 우리끼리 더 뭉치고 더욱너 자주 만나야 한다고 생각한다. 그래야 나보다 먼저 성과를 내는 강사가 있으면 그가 내 앞길을 보여주는 것이니 고생을 덜 할 수 있고, 어려운 점은 서로 나누면서 동질감과 위로를 받을 수 있기 때문이다.

강사의 고민은 강사만 알 수 있다. 그걸 다른 사람들에게 이야기해도 공감하지 못힌다. 그런데 우리는 척하면 적이라 대화가 너무 재미있다. 또한 이야기를 나누다 보면 내가 보지 못한 새로운 통찰이나 아이디어를 얻을 수도 있고, 서로 강의를 홍보하고 도와주면서 협력할 수도 있는 등 이점이 무척 많다. 특히나 이제 막 시장에 진출한 초보 강사라면 이러한 활동이 꼭 필요하다고 생각한다.

클래스101에 처음 온라인 강의를 런칭할 때는 모르는 게 많았다. 내가 운영하는 온라인 카페에서 동영상 강의를 판매한 적은 있었지만, 온라인 강의 플랫폼에 진출한 건 처음이었기 때문이다. 그때 나보다 먼저 시작한 강사님에게 도움을 많이 받았다. 이곳의 시스템은 어떻게 되어 있고, 자신은 어떻게 수요 조사를 통과했으며, 이다음은 어떤 단계가 있는 등 처음 하는 내가 알 수 없는 것들을 알려주셨다.

덕분에 처음 해보는 일인데도 어느 정도 예측하면서 진행할 수 있어 훨씬 쉽게 할 수 있었다. 자기 일도 아닌데 그렇게까지 도와주신 게 고마워서, 나도 내 온라인 카페에 그분이 하시는 강의 홍보를 했다. 그렇게 우리는 서로 응원하고 어려운 일 있을 때 의논하는 사이가 되었고, 내가 도움을 받은 것처럼 다른 분들에게도 도움이 되고 싶어 단체 채팅방을 만들고, 비슷한 시기에 온라인 강의를 시작한 다른 강사님 몇 분을 더 초대했다.

거기서는 시간 관리, 디자인 조언, 마케팅 조언, 각종 고민 상담 등 혼자 했으면 오래 걸리고 몰랐을 만한 팁을 많이 얻을 수 있다. 이분들과 이야기할 때면 나 혼자 고생하는 게 아니라 함께 하는 동료들이 있다는 생각이 들어 든든하고 힘이 많이 된다.

강사는 1인 기업가이다. 그래서 내가 지치거나 힘들면 한없이 무너지기 쉽다. 직장에서처럼 소속감을 느끼고 기댈 수 있는 곳이 없으니 더 그렇다.

그럴 때 이런 모임이 있다면 나의 사회적 질서를 잡아줄 수 있다. 매일 놀러 다니고 어울리라는 말이 아니다. 생산적인 만남으로 서로에게 힘이 될 수 있는 모임에서 함께 시장의 파이를 키워간다는 생각으로 임하면 훨씬 재밌고, 건강하게 오래 잘할 수 있는 것 같다.

내가 혼자가 아닌 또 다른 이유는 수강생과의 네트워크가 있기 때문이다. 어느 관계나 마찬가지이지만 이분들과의 관계는 내가 더 철저하게 '주는 사람(giver)'이 되어야 유지가 되는 것 같다. 나를 알고 있는 게 그분들에게 이득이 되어야 지속적인 관계가 이어지는 것이다. 그래서 어떻게 하면 도움을 드릴 수 있을까에 관해서도 많이 생각한다.

'나로 인해 생긴 네트워킹 모임은 어떨까?' '그분들에게 도움이 되는 기회를 소개해드리는 건 어떨까?' '자신감과 동기부여가 될 수 있는 방송을 해볼까?' '내가 모은 자료들을 나눠드릴까?' 등 이런 식으로 계속 고민하게 된다. 그리고 이러한 고민은 수강생들에게도 그리고 나에게도 도움이 된다.

수강생들 역시 그 나름대로 네트워크가 있고, 소속 집단이 있으며, 관심 분야가 있다. 그래서 수강생분들과 관계를 잘 이어가면 그분들에게 듣게 되는 정보도 엄청나게 많다. 가만히 앉아 세상 돌아가는 이야기를 들을 수도 있고, 커뮤니티 운영에 도움을 받을 수도 있고, 좋은 기회를 만날 수도 있고, 위로와 자극을 받기도 하는 것이나. 즉 강사는 수강생들에게 지식을 가르치는 것뿐 아니라, 수강생에게 엄청나게 배우기도 한다는 것이다.

그렇게 진정한 관계를 맺는 수강생이 많아지면 이는 팬덤으로 연결되어 서로에게 엄청난 지지자가 되리라고 생각한다. 그런 분들이 1,000명이 있다면 적어도 책이 나오면 책을 사주실 거고, 방송에 나가거나 다른 유튜버와 합동 방송을 할 때 어느 정도 조회 수 확보에 도움을 주는 등 나의 성공을 도와주실 것이다. 그럼 나는 그 힘을 받아 더 성장하고, 또 더 좋은 콘텐츠와 기회로 보답을 드리는 선순환 구조를 이룰 수 있다.

10년 넘게 관심과 애정을 쏟을 수 있을지 따져보자

어떤 주제를 가르칠지 결정할 때 충분히 자신과 고객, 시장에 관해 파악하지 않은 강사들은 어느 시점이 되면 수강생이 귀찮거나 싫어질 수 있다. 그러면 그 일을 지속하기가 어렵다.

얼마 전 우연히 어느 영어 강사의 블로그를 보게 되었다. '경제적 자유' '레버리지' '임장' 등 영어 관련 내용보다 부동산 관련 내용이 훨씬 많았다. 이 강사는 앞으로 어떻게 될까? 지금도 블로그에 본업인 영어 얘기보다 부동산 얘기가 훨씬 많은데 앞으로도 영어 관련 자료와 칼럼 등을 착실하게 쓰고 남다른 강의를 만들기 위해 최선을 다할까?

그렇지 않다고 본다. 설령 글을 쓰더라도 이미 관심사가 아니므로 그냥 의무적·기계적으로 쓸 것이고, 수업 준비도 거의 하지 않을 가능성이 크다. 그리고 이쯤 되면 수강생이 귀찮게 느껴질 수도 있다. 그걸 수강생이 알까, 모를까? 기가 막히게 안다. 한두 명씩 수강생이 떠나기 시작한다. 어느 순간 열심히 하던 수강생마저 떠나고, 신규 모집은 안 되는 상황이 오게 된다.

수강생은 그저 귀찮은 초보자들이 아니다. 그 영어 강사의 꿈인 '경제적 자유'를 이룰 수 있게 도와줄 첫 번째 사람들이었다. 그런데 그런 귀한 분들이 요즘 뭐가 필요한지, 어떤 생각을 하는지 신경도 쓰지 않고 있다가는 투자로 돈 불리기 전에 본업부터 잃을 것이다.

그래서 처음에 '강의 주제'와 '고객'을 정할 때부터 앞으로 10년, 20년 해도 질리지 않을 주제인지, 내 상황이 달라지더라도 계속 가르칠 주제와 수강생에게 애정을 가질 수 있을지 살펴보고 결정해야 한다. 만약 그런 과정 없이 강의를 시작했고 어느 순간부터 수강생들에게 관심도, 애정도 없다면 잠깐 멈춰서 전반적으로 점검해봐야 한다. 회사원이면 하기 싫은 일도 꾸역꾸역하면 할 수도 있다. 하지만 강사는 그렇지 않다. 내가 관심도 없고 흥미도 없는 것에 관해 몇 시간씩 준비하고, 가르치고, 경쟁력을 갖추려고 노력하고, 홍보하는 게 안 되기 때문이다.

Part 10.

상위 0.1%
강사라면
꼭 기억해야 하는
3가지

영리한 토끼가 아니라
우직한 소가 이기는 게임

나랑 비슷했거나 나보다 늦다고 생각한 사람이 너무나 월등히 앞서가는 모습을 바라볼 때 스스로가 정말 초라해진다. 그걸 인정하고 싶지 않아 "그래도 저 사람은 이거 모르잖아" "에이, 저 사람은 비빌 언덕이 있잖아" "저 사람은 경험이 많잖아" 하면서 합리화하려는 게 보통이다.

나도 그랬다. 내 일을 했다가 남의 일을 하면서 방황하는 동안 비슷한 시기에 시작하거나, 더 늦게 시작한 사람들이 어느새 만나기조차 어려울 만큼 대단해져 있었다. 그때는 그저 운이 좋았을 거라며 그들의 성공을 인정하지 않았다.

하지만 그렇게 할수록 나는 더 초라해졌다. 분명 나도 열심히 살았는데 왜 시간이 지나도록 나는 같은 고민을 하고 있고, 저 사람들은 저렇게 된 것인지 답을 모르겠고, 한편으로 억울했지만 받아들여야 했다. 중심 없이 이리저리 흔들렸던 내가 만든 결과였다. 내가 지금까지 여기저기 한눈팔고 돌아다녔음을 인정하고, 다시 0에서 시작하는 수밖에 없었다.

우리는 '한 방' '지름길' '효율'을 좋아한다. 그래서 어떤 아이템으로 강의해야 대박이 날지 묻고, 뜰 만한 유튜브 콘텐츠는 무엇일까 고민한다. 물론 그런 고민은 필요하다.

하지만 나는 몇 년간의 경험을 통해 아무리 기술이 좋고 통통 튀는 아이디어가 넘쳐도 그것만으로 엄청난 결과를 만들 수 없다는 것을 알았다. 정말 입이 벌어질 정도의 결과는 그냥 오는 게 아니었다. 제대로 만들고, 어려움이 와도 도망치지 않고 지켜내면서 임계점을 넘어야 그나마 가능성을 높일 수 있는 것이었다.

2등은 루저야

예전에 변호사 남자친구를 만난 적이 있다. 뭔가 자격지심이 있었는지 그가 먼저 묻지도 않았는데 반에서 2등 했었다는 말을 한 적이 있다. 그러면서 내 친구는 맨날 공부해서 힘들게 1등 하는데 나는 팽팽 놀면서도 2등을 해서 좋았다는 말도 덧붙였다. 대단하다는 말을 기대했다. 그런데 그는 내 예상과는 전혀 다른 말을 했다.

"2등은 루저야."

2등은 루저라는 말을 태어나서 처음 들었다. 지금까지는 2등이면 잘했다고 생각했는데 루저라니……. 그의 말 한마디에 갑자기 지금까지 알던 세상이 아니라 다른 세상에 온 것 같았다. '2등은 루저'라는 말이 계속 맴돌았다. 충격적이었다. 아니 어떻게 이렇게 생각을 할 수 있는 거지?

그의 말을 곱씹다 보니 '2등 자체가 루저'라는 말이 아니라 나의 적당히, 대충대충 하는 사고방식이 루저라고 한 것 같았다. 크게 노력하지 않고 적당한 성과를 얻어서 좋아했었지만, 늘 그 정도가 나의 최고치라 돌아보면 후회가 남고 약간은 실망스러웠다.

점수도 94점, 96점 등 높은 점수지만 만점이 아닌 점수를 받았고 등수도 2등, 3등으로 상위권이지만 최상위권은 아니었다. 어떤 걸 해도 다 그랬다. 정말 "더는 못하겠다"라고 할 만큼의 노력을 해본 적이 단 한 번도 없었다.

하는 척 건드려만 보거나 간만 보는 게 지금까지의 내 모습이었다. 그게 내 태도이고, 습관이고, 삶이라고 생각하니 정말 끔찍하게 싫었다. 나도 할 수 있다는 걸 스스로 확인하고 싶었다. 더 할 수 없을 때까지 노력해보는 내 모습을 보고 싶었다. 그래야 스스로가 멋있을 것 같았고, 나중에 후회가 없을 것 같았다. 더는 쉽게 만족하는 루저의 마인드로 적당히 살고 싶지 않았다.

그렇지만 실천하는 건 정말 어려웠다. 워낙 쉽게 만족하며 살아와서인지 조금만 방심하면 바로 버릇이 올라와서 유혹이 많았다. 하고 싶은 걸 하는 게 아니라 지금 나한테 중요한 일을 해야 했고, 불편한 일도 정면 승부를 해야 했으며, 될 때까지 계속 해야 했고, 두려워도 해야 해서 고통스러웠다.

나는 알고 있었다. 적당히 하고 대충 때우면 일이 빨리 끝날지는 몰라도 나에게 실망한다는 것과, 그 적당히와 대충이 나를 정말 그런 사람으로 만든다는 것을 말이다. 할 때는 힘들지만, 치열하게 몰입해본 경험들이 쌓여야 스스로를 믿고 다음 일도 더 추진력 있게 잘할 수 있게 된다.

강의도 최고를 지향해야 한다. 어떻게 했을 때 반응이 좋았고, 수강 취소가 많았는지, 어떻게 하니까 수강생 성과가 잘 나왔는지 등 나만의 오답 노트를 만들어 기록하고 분석해야 한다. 그리고 나보다 앞서 이 일을 경험한 사람에게 질문하고, 답을 들으면서 수정하고, 보완해 내가 할 수 있는 모든 노력을 다해야 반짝 떴다 지는 강사가 아닌 시간이 갈수록 진하고 깊은 매력이 우러나오는 강사가 될 것이라고 믿는다.

고수와 중수와 하수의 차이는 무엇일까? 한 분야에서 압도적인 1등을 하고, 자연스럽게 영토 확장을 하는 사람이 고수라고 생각한다. 아주 작은 성취에 쉽게 만족하고, 이것저것 다 하는 건 중수다. 그래서 바쁘기는 엄청 바빠도 성과는 별로 없는 게 중수의 특징이다. 그럼 하수는 어떨까? 하수는 아무것도 안 한다. 맨날 꿈만 꾸고 하는 게 없다. 우리 모두 고수가 되어야 하지 않을까?

토할 것 같은 불편함

스스로 돈을 만드는 사람이 되려면 뚫고 가야 하는 여러 불편함이 있다. 나를 싫어하는 사람들이 악의적인 댓글을 남기더라도 유튜브를 찍고, 강의도 해야 한다. 최선을 다했지만 알아주기는커녕 오히려 비수를 꽂는 수강생이 나타나면 여기에 대응도 해야 한다. 또 조금 잘된다 싶으면 어김없이 경쟁자가 나타나 방해하려고 하는데, 그 또한 피하지 말고 대처해야 한다.

그 외에도 불편한 상황들은 계속 나온다. 그런 상황이 좋은 사람은 없을 것이다. 남이 대신해줬으면 좋겠고, 피할 수 있으면 피하고 싶을 것이다. 하지만 그걸 해내야 돈을 벌고 성장할 수 있다. 내가 만난, 압도적인 성과를 낸 사람들은 그 과정을 모두 다 겪었다.

나에게 많은 부분에서 영감과 용기를 주는 분이 계신다. 이분이 유튜브 구독자가 10만 명 가까이 됐었는데, 어떤 이유로 절반 가까이 되는 사람이 욕을 하며 돌아섰던 적이 있었다. 몇만 명의 사람이 나에게 원색적인 비난을 쏟는다면 마음이 어떨까? 처음에는 억울하고 분하다가 나중에는 정말 내가 잘못한 것 같아서 스스로 자책하고 움츠러들어 자숙이란 이름의 폐인 생활을 하는 게 보통일 것이다.

그러나 이분은 그냥 하던 일을 계속하셨다. 마치 아무 일도 없던 듯 담담하게 할 일을 꾸준하게 하셨다. 그러자 한동안 흥분해서 욕하던 사람들이 흥미가 떨어졌는지 더는 욕하지 않았고, 오히려 그분의 꾸준함을 보고 다시 응원하는 사람들이 생겼다. 역시 고수는 아무나 하는 게 아닌 것 같다.

비슷한 사례가 하나 더 있다. 이분은 10년 넘게 부동산 현장에서 배운 고급 정보를 일반인들에게도 알려주는 일을 하고 계신다. 그런데 어느 날, 이분에 대해 좋지 않은 시선으로 만들어진 방송이 방영된 적이 있다. 가까이서 그분을 본 나는 말도 안 되는 내용이라고 생각했다. 그러나 내 생각이 어떻든 방송은 굉장히 영향력이 있었다.

방송은 인터넷 뉴스로 기사화되었고, 여기저기 블로그에 공유되었다. 거기다 수강생 중 그분에게 불만이 있던 사람들은 악성 댓글을 여기저기 남기며 그 방송에 힘을 실어주었다. 그런 사실들을 본 예비 수강생 중 상당수가 수강을 취소해 매출이 절반 가까이 떨어지게 되었다. '그 누구보다 치열하고 열심히 사는 사람을 꼭 이렇게까지 매장해야 할까' 싶은 생각이 들 정도로 당시의 분위기는 무자비했다.

그런 상황이면 어떤 마음이 들까? 보통은 망연자실할 것이다. 자부심을 느끼며 가르치는 내용을 나쁜 것이라고 하고, 도덕적으로도 문제가 있다며 얼굴도 모르는 사람들이 욕을 하는 상황이었다. 거기다 애정을 주었던 수강생들이 제일 앞장서 비난을 쏟아냈고, 그들의 글을 보고 수상 취소가 줄을 이었다. 아마 많은 사람이 이제 끝났다고 생각하기 쉬울 것 같다.

그러나 이분은 그 불편하고 힘든 상황을 정면으로 돌파했다. 피하거나 누군가의 뒤에 숨지 않았다. 아닌 것은 아니라고 정확하게 반박 의견서를 냈고, 법적으로 따질 것들은 따졌다. 그리고 이번 일로 놀랐을 수강생들의 마음을 위로하고 그 어느 때보다 최선을 다해 강의했다.

본인 마음이 가장 너덜너덜해졌을 텐데 수강생들을 먼저 챙기는 모습에서 정말 프로답다는 생각이 들었다. 그리고 저런 자세가 있기에 한 분야의 1등이 될 수 있었겠다 싶었다. 그 일을 계기로 실력에 더해 단단함까지 갖춘 그분의 강의는 오히려 더 잘 팔리는 것 같다.

우리도 돈을 벌어가는 여정 중에 분명 크고 작은 불편함이 있을 것이다. 그 두렵고, 토할 것 같고, 포기하고 싶은 그 상황에 우리 모두 쓰러지지 않길 바란다. 그 고비만 넘기면 더 좋은 것이 올 테니까.

나만의 경험으로 사람들에게
도움을 주는 경험

'테헤란로 저 높은 빌딩에서 뛰어내리면 어떤 기분일까? 새처럼 날 수 있을까?' 침대에 누워 이런 상상을 끝없이 했다. 부자들을 만나 그들이 돈을 버는 방법을 배울 수만 있다면 버는 돈 대부분을 월세로 내도 좋을 것 같았다. 그래서 한 달에 70만 원 버는 사람이 미쳤다는 말을 들으며 월세로 60만 원씩 내며 강남에 살았다. 그래도 참 좋았다.

그런데 겨우 3년 만에 나는 폐인이 되어 있었다. 그렇게 바라던 강남 한복판, 그것도 방이 3칸이나 있는 집에 혼자 살고 있으니 그 어느 때보다 행복해야 했지만 나는 우울했다. 도대체 일은 왜 하는지, 돈은 왜 버는지, 부자는 왜 돈이 많은데도 일하는지, 나는 어떤 일을 해야 하는지, 사람은 왜 사는 건지 답을 알고 싶었다.

하지만 이 사람, 저 사람 잡고 물어봐도 딱 떨어지는 답을 들을 수가 없었다. 너무 답답했다. 세상은 빠르게 돌아가는데 나는 그 답을 찾지 못해 한없이 무기력해졌다. 일어나도 딱히 할 일도 없고 특별히 만날 사람도 없었다.

오늘이 수요일인지, 목요일인지 분간도 되지 않았다. 하늘을 보면 오후 5시 30분인지 오전 5시 30분인지 분간이 되지 않았다. 죽을 날을 기다리는 사람처럼 숨만 쉬면서 살았다. 진짜 미칠 것 같았다. 이걸 해결해야 일을 할 수 있을 것 같았다.

당시 나는 해외 아동 한 명을 후원하고 있었는데 그 단체에서 운영하는 비전 트립 공고를 보게 되었다. 우리나라의 후원을 받는 수혜 국가에 가서 그들이 어떻게 사는지 살펴보고 느끼는 여행이었다. 그 거라도 가면 답을 좀 찾지 않을까 싶어 100만 원이 넘는 돈을 결제하고 필리핀으로 날아갔다.

하지만 나는 그곳에서도 겉돌기만 했다. 다른 사람들은 아이들과 놀아주려고 얼굴에 그림도 그려주고, 풍선도 만들면서 장난치는데 나는 와~ 하고 뛰어오는 수백 명의 아이가 무섭게 느껴져 뒤로 피했다. 그리고 공감대도 없는 아이들과 딱히 할 말도 없어서 제대로 융화되지 못한 채 1주일간의 일정이 끝나가고 있었다. 누군가가 앞에서 뭔가 설명하면 대부분 졸았고, 눈을 뜨고 있을 때면 왜 돈을 버시냐는 이상한 질문만 해댔다.

그러다 마지막 날, 한 시골 마을에 방문하게 되었는데 엄마 혼자 다 큰 딸 두 명과 10살 남짓한 아들 둘을 키우고 있는 집이었다. 그곳은 닭, 개, 사람이 뒤엉켜서 살고 있었다. TV에서 보던 원시 부족 마을과 다르지 않아 보였다. 대문도 없고, 집과 집 사이의 경계도 없었다. 닭은 갑자기 내 허리까지 푸드득 날아오르고, 목줄을 하지 않은 개들은 이리저리 뛰어다녔다.

그 집의 사연을 들으니 아빠는 바로 맞은 편에 새살림을 차려 나갔고 엄마 혼자 아이들 넷을 키우는 중이라고 했다. 그때까지는 별생각이 없었다. 그때 아이가 아빠 집이라고 손으로 가리켰는데 정말 바로 앞이었다. 10미터도 안 되는 거리에 아빠가 다른 여자랑 살고 있다니, 이게 말이 되나 싶었다.

18살 소녀와 엄마의 눈에 눈물이 고였다. 빨래하는 일을 해서 아이들을 키우는 엄마는 40대 초반이었는데 70대는 되어 보였다. 마음이 아팠다. 그런데 그보다 더 마음 아픈 이야기를 듣게 되었다. 그곳에서는 나이가 찼는데 학교에 다니지 않는 여자아이는 다른 나라로 팔려간다고 했다.

21세기에 팔려 간다니……. 말이 나오질 않았다. 메이드로 팔려 간다는데 말이 메이드지 이렇게 젊고 예쁜 소녀를 메이드로만 대할까 싶었다. 영어를 할 수 있다는 이유로 팀의 리더 역할을 맡았는데 그 가족을 보는 내내 무슨 말을 할 수가 없었다.

그 상황을 겪어보지도 않았으면서 힘내시라고 아무렇게나 말할 수도 없었고, 그들의 슬픔을 공감하려고 해도 내가 1/1000만큼이라도 이해할 수 있을까 싶어 아무 말이나 할 수가 없었다. 어설픈 위로는 하고 싶지 않았다.

아빠가 새살림을 차렸고 우리 아빠를 새 아빠로 맞이한 아이는 멀쩡하게 학교에 다니는데, 나는 그런 지원이 없어 학교에 못 가고 다른 나라로 팔려 가게 생겼다면 심정이 어떨까? 마음이 너무 무거웠다.

그들이나 나나 똑같이 이 세상에 태어났는데 나는 너무 편안해서 허무하고 우울하다며 누워 있었고, 이들은 하루라도 쉬면 당장 먹고 사는 문제를 걱정해야 하고 돈 때문에 다른 나라에 팔려가게 생겼다니……. 금세 마을을 떠날 시간이 다 되었지만, 이대로 가면 후회할 것 같아서 18살 소녀를 잡고 이야기했다.

"여기 인터넷 되니?"

"네, 돼요."

"그러면 됐어. 인터넷이 되면, 돈 벌 수 있는 건 정말 많아. 그러니까 절대로 희망을 잃지 마."

더 이야기하고 싶었지만 시간이 없어 더는 말하지 못하고 차에 올라탔다. 덜컹거리고 먼지 나는 길을 달리며 생각이 많아졌다. 그 아이를 보고 1년 가까이 알고 싶었던 답을 찾은 것 같았다. 내가 왜 이곳까지 오게 되었는지 알 것 같았다.

그동안 나는 내 주머니를 채우고 사람들에게 인정받고 싶어서 돈을 벌었었다. 그런데 어느 시점부터 내가 쓰는 것보다 많은 돈을 버니 왜 이렇게나 많은 돈이 필요한 건지 의문이 들었다. 삶에 어떤 목표가 없으니 왜 수중에 돈이 있는데도 계속 벌어야 하는지, 사람은 어떤 걸 추구하며 살아야 하는지, 어떤 일을 해야 하는지 등 끝없이 고민하다 우울해졌던 것이었다.

돌아보니 나는 온라인에서 돈을 버는 방법을 잘 알았고, 영어와 중국어도 할 수 있었다. 그 능력 중 하나라도 지금 학교에 가지 못해 다른 나라로 팔려 가게 생긴 저 아이에게 주어졌다면 상황을 반전시킬 수 있지 않았을까?

그동안 나는 신이 주신 좋은 능력들을 별것 아닌 것으로 취급하며 빈둥거리면서 시간을 허비했고, 나쁜 상상이나 하면서 살았다는 것을 깨닫게 되었다. 반성의 눈물이 흘러내렸다. 그리고 미안했다. 나를 만든 신께도, 나를 사랑하는 사람들에게도, 그리고 저 가족과 나에게도 미안했다.

그래서 달라지기로 했다. 나의 능력과 재능은 누구나 기본값으로 가지고 있는 게 아니었다. 이건 분명 세상을 이롭게 하는 데 쓰라고 주신 선물이고 축복이었다. 그러니 부지런히 갈고 닦아서 나도 이롭게 하고, 다른 사람에게도 도움이 되어야겠다는 충만한 마음이 들었다.

얼마 전에 네이버 포털 메인 화면에 내가 나왔다고 들었다. 그 모습을 보고 오랜만에 연락을 주신 분이 이런 말씀을 하셨다.

"몇 년 동안 잘 버려주고, 이렇게 멋진 모습으로 나타나 줘서 정말 고마워요. 저에게 새로운 자극이 되었어요."

이런 말 처음 들었다. 내가 고생하면서 헤쳐온 과정이 누군가에게 도움이 된다는 걸 다시금 느끼는 순간이었다. 이럴 때면 강의를 할 수 있어 참 감사하다는 마음이 든다.

이 책 『평생 연금 받는 온라인 클래스 멘토링』을 읽는 당신도 내가 느끼는 설렘을 느낄 수 있으면 좋겠다. 우리 모두는 태어난 목적이 있고, 나만의 이야기가 있는 사람들이니, 우리의 능력과 경험으로 누군가를 성장하게 하고, 더 멋진 세상을 만들어가는 가슴 뛰는 삶을 살길 바란다.

나만의 경험으로 매달 500만 원씩

평생 연금 받는 온라인 클래스 멘토링

초판 1쇄 인쇄 2023년 4월 5일
초판 1쇄 발행 2023년 4월 12일

지은이 1억치트키(이주희)

대표 장선희 **총괄** 이영철
책임편집 이소정 **기획편집** 정시아, 한이슬, 현미나
디자인 김효숙, 최아영 **외주 디자인** 별을 잡는 그물
마케팅 최의범, 임지윤, 김현진, 이동희
경영관리 김유미

펴낸곳 서사원 **출판등록** 제2021-000194호
주소 서울시 영등포구 당산로 54길 11 상가 301호
전화 02-898-8778
팩스 02-6008-1673
이메일 cr@seosawon.com
네이버 포스트 post.naver.com/seosawon
페이스북 www.facebook.com/seosawon
인스타그램 www.instagram.com/seosawon

서사원은 독자 여러분의 책에 관한 아이디어와 원고 투고를 설레는 마음으로 기다리고 있습니다.
책으로 엮기를 원하는 아이디어가 있는 분은 이메일 cr@seosawon.com으로
간단한 개요와 취지, 연락처 등을 보내주세요.
고민을 멈추고 실행해보세요. 꿈이 이루어집니다.